日下舊聞卷二十九

京畿五 涿州

涿州在府西南一百四十里明一統志

州東北至幽州一百二十里南至莫州一百六十里太平寰宇記

涿州古涿鹿之地星分尾宿十六度史記黃帝與蚩尤戰于涿鹿之野即此地同上

涿鹿黃帝所都有蚩尤城阪泉黃帝祠帝王世紀

涿水東北與阪泉合其水導源縣之東泉魏土地記曰下洛城東南六十里有涿鹿城城東一里有阪泉泉上有黃帝祠晉太康地理記曰阪泉亦地名也泉水東北流與蚩尤泉會水出蚩尤城城無東面魏土地記稱涿

鹿城東南六里有蚩尤城泉水淵而不流霖雨并則流注阪泉亂流東北入涿水水經注

州因涿水而名以水中嘗出此冢也城周九里形如凹字相傳顓頊時所築名勝志

涿流下滴也說文

涿水出涿鹿山世謂之張公泉東北流逕涿鹿縣故城南王莽所謂褫陸也黃帝與蚩尤戰于涿鹿之野留其民于涿鹿之阿即於是處水經注

涿郡南有涿水北至上谷為涿鹿河其支流塞外謂之涿耶水十三州志

舜分十二州為幽州地禹貢冀州之域太平寰宇記

涿鹿於周官幽州之域也帝王世紀

春秋戰國時燕之涿邑 清類天文分野之書

秦滅燕以其都及西境為上谷郡地漢高帝元年項羽入關又立燕國封臧荼為王三年韓信用廣武君策發使于燕燕王臧荼降五年反漢誅荼立盧綰為王六年分燕置涿郡領縣二十九理此 太平寰宇記

州治創自漢盧綰 名勝志

涿水東北逕涿縣故城西流注于桃應劭曰涿郡故燕漢高帝六年置其南有涿水劭又云涿水出上谷涿鹿縣按涿水自涿鹿東注濕水濕水東南逕廣陽郡與涿郡分水漢高祖六年分燕置涿郡涿之為名當受涿水通稱矣 水經注

琴高者趙人以鼓琴為宋康王舍人行涓彭之術浮游冀州涿郡間二百餘年後辭入涿水中取龍子與弟子期之曰皆潔齋候于水旁設祠屋果乘赤鯉來坐祠中旦有萬人觀之留一月餘復入水去 列仙傳

琴高既仙去設祠奉之時乘赤鯉來享 神仙傳

莽曰垣翰屬幽州 漢書注

桃水東北與洹水會水上分涞水於良鄉縣之桃水世謂之北涉溝故應劭曰洹水出良鄉東逕垣縣故城北史記音義曰涿有垣縣漢景帝中元三年封降王勝為侯國王莽之垣翰亭也 水經注

後漢安帝以涿郡屬幽州郡理涿縣 清類天文分野之書

魏黃初七年文帝改為范陽郡以漢涿縣在范水之陽

取以爲名以此地追封武帝子矩爲王太平寰宇記

易水逕出范陽縣故城秦末張耳陳餘爲陳勝畧地命燕蒯通說之范陽先下是也水經注

晉武帝泰始元年又改爲范陽國封宣帝弟馗子綏爲范陽王太平寰宇記

馗字季達兄弟俱知名故時號爲八達魏魯相東武城侯康王綏字子都初爲諫議大夫泰始元年受封在位十五年咸寧五年薨子虓立晉書

桃水東逕涿縣故城北王莽更名垣翰晉太始元年改曰范陽郡今郡理涿縣故城城內東北角有晉康王碑城東有范陽王司馬虓廟碑水經注

虓字武會少好學馳譽研考經紀清辨能言論以宗室

選拜散騎常侍累遷尚書出爲安南將軍都督豫州諸軍事持節許昌進位征南將軍惠帝西遷虓與從兄平昌公模長史馮嵩等刑白馬歃血而盟推東海王越爲盟主虓都督河北諸軍事驃騎將軍持節領豫州刺史劉喬不受越節度乘虛破許虓自拔渡河王浚表虓領冀州刺史資以兵馬虓入冀州發兵又南濟河破喬等於是奉天子還都拜虓爲司徒永興三年暴疾薨年三十七無子養模子黎爲嗣黎隨模就國於長安遇害晉書

光熙元年五月范陽國地燃可以爨此火沴土也晉書五行志

永嘉之亂郡陷于河北其間建置莫能詳悉太平寰宇

記

元魏復爲范陽郡清類天文分野之書

永安三年移置平州於此魏書志

盧文偉善營理家素貧儉因此致富北方將亂文偉積稻穀于范陽城多所賑贍彌爲鄉里所歸及韓樓據薊城文偉率鄉閭守范陽樓平除范陽太守北史

北齊天保八年議徙冀定瀛無田之人謂之樂遷於幽州范陽寬鄉以處之隋書食貨志

北齊惟領涿遒范陽三縣後周省遒縣領縣二太平寰宇記

周宣政元年幽州人盧昌期祖英伯等聚衆據范陽反詔宇文神舉率兵擒之齊黃門侍郎盧思道亦在反中

賊平見獲解衣將伏法神舉素欽其才名乃釋而禮之卽令草露布後周書

隋開皇初改范陽縣爲遒縣隸昌黎郡又于古遒城別置范陽郡領涿范陽二縣二年罷郡移涿縣入郡故廨爲幽州大業三年以幽州爲涿郡縣仍屬焉太平寰宇記

唐武德元年廢涿郡復爲幽州之屬邑七年改涿縣爲范陽縣大曆四年幽州節度使朱希彩奏請于范陽縣置涿州仍割幽州之范陽歸義固安三縣以隸之屬幽州都督府領縣五范陽固安歸義新昌新城太平寰宇記

遼神冊六年十二月太祖圍涿州有白兎緣壘而上是

曰破其郛 遼史太祖紀

五代石晉割地賂遼州名如故尋置永泰軍 清類天文分野之書

契丹於開寶七年涿州刺史耶律琮以書遺雄州孫全興願講好于朝廷八年遣欵附使克沙骨慎思奉書來聘自是乃通使矣 職官分紀

雍熙三年三月辛巳曹彬克涿州乙酉曹彬敗契丹于涿州南殺其相賀斯 宋史本紀

宋宣和四年金將郭藥師以州降賜郡名曰涿水升威行軍節度 宋史志

金仍爲涿州 方輿紀要

涿州昔爲契丹南寨邊城樓壁俱存及郭藥師舉城內屬不經兵火人物富盛井邑繁庶近城有涿河劉李河合范河東流入海故名范陽 許奉使行程錄

元太宗八年爲涿州路中統四年復爲涿州 元史

至治二年九月作層樓于涿州鹿頂殿西 元史英宗紀

明并范陽縣入州 清類天文分野之書

今之州治本燕之涿邑漢置涿縣爲涿郡治魏晉以後范陽郡國皆治焉後魏孝昌三年上谷賊杜雒周南趣范陽幽州刺史常景破之隋廢范陽郡縣屬幽州唐武德七年改涿縣曰范陽寶應二年史朝義敗走范陽縣其將李懷仙遣兵拒守朝義至不得入大曆四年幽州帥朱希彩復奏置涿州於此 方輿紀要

涿州城明景泰初知州事黃衙始甃以甎石垣高四十

尺基之廣倍之方各有門門有樓前曰迎恩後曰通濟左曰進德右曰積慶鋪舍三十二女墻一千八百三十隍深十尺廣倍之城之中有夾城如人之束帶中有券門曰通會通會上有重樓三楹左鐘右鼓以啟晨而警夜嘉靖乙巳知州何鏜所修殷謙爲作記 涿州志

通會在郡中上有庭堂幕次左鼓右鐘於以安民警盜春秋降雨郊原隴畝濃雲密靄一望不分郡中之佳景也 涿鹿記

蘇子由爲賀遼生辰國信使在元祐四年八月子瞻有詩送之既至國人每問大蘇學士安否子由經涿州寄詩曰誰將家譜到燕都識底人人問大蘇莫把聲名動蠻貊恐妨他日臥江湖子瞻得詩次韻云氊毳年來亦

甚都時聞鴂舌問三蘇那知老病渾無用欲向君王乞鏡湖聞曩時有刻石于使館者今無存矣 辛齋詩話

王安石涿州詩涿州沙上飲盤桓看舞春風小契丹塞雨巧催燕淚落濛濛吹濕漢衣冠 臨川集

汪元量涿州詩盧溝橋下水泠泠落木無邊秋正清牛馬亂鋪黄帝野鷹鸇高磨涿州城柳亭日射旌旗影花舘風傳鼓吹聲歸客偶然舒望眼酒邊觸景又詩成 湖山類藁

何中涿州道間雪霽作昨日飯良鄉今指涿州城此路有終去安能緩車聲平野散寒景流輝起浮英濛烘遠樹密落削僵柳明殺獵共鴉牧團瓢忽雞鳴殊方雪初霽余抱孤賞情胡爾同車人苦云路難行 知

非堂藁

楊士奇涿州行四郊菸菸沙草白青山迢遞亘西北涿州百里近都門北來南去無晨昏道邊郵亭連古堠時平不置官軍守土墻茅屋盡耕屯半掙青帘賣新酒牛車轔轔衝早寒爭先槀秸輸縣官少年家家便騎射雉兎如林不論價由來意氣傾山岡邂逅相逢肯相借伐石爲碑記古人淒凉遺刻百年存摩挲三嘆憶盛德路人爲指樓桑村 東里集

劉溥賦得涿鹿送丘伯純作平生愛訪古走馬游四方金臺南去百餘里乃是涿鹿古戰場軒轅騎龍上天去鼎湖何處秋菸菸蚩尤死後幾千載青山蜿蜒至今在當時妖霧久銷沉空餘易水東歸海海水變

桑田天地幾翻覆龍爭虎鬬且莫論卷起飛塵縱雙目三晉在西秦在東北京正在天之中金樓玉殿仰頭看日月照耀開鴻濛萬國朝宗必經此昇金載玉何匆匆紫荆崔巍鴈門固塞斷蕃兵往來路一錐孤塔河間城千仞層氷海邊戍下馬促沽酒洗我磊落懷扶桑蠶天起泰華隔雲排手攀北斗發長嘯鳳凰飛上青雲叫酣來道上送歸人借問歸人可調官亭齊和遠游篇燕姬嬌笑弄鵾絃不將寶劍舞秋月且贈珊瑚白玉鞭 草牕集

黃仲昭曉次涿州作青山冉冉夕陽浮綠樹微菸見涿州白鴈聲寒燕塞晚丹楓葉落薊門秋漁舟蕩漾歸沙浦畫角淒凉起戍樓黃帝蚩尤征戰地眼前嬴

得水東流 朱軒集

何景明涿鹿道中作高城鬱莽蒼永路多荆棘日氣夕以陰游氛浩無極城邊古時丘宿草蔓于域樹木何蕭蕭狐狸鳴其側訪古思軒轅欽崟何由陟伊昔奮龍戰明明庶邦式神馭飄鼎湖烏號緬元德遺蹤邁荒野盛烈存茲國誰云戡亂功不俟干戈力風雲變俄頃明晦固難測薄暮窮林中愁焉長太息 大復山人集

周廷用涿鹿道中作涿鹿雲黃草樹深燕京風物晝陰陰河山尚擁軒皇陣臺榭虛憐郭隗金雨過涼生高鳥喚天低日落暮蟬吟腐儒未有干時策敢向泥塗嘆陸沉 八厓集

李瓚次涿鹿作故鄉杳不見歸路亦沾巾匹馬燕山外孤城涿水濱鶯花從客久風雨渡河春底事南亭柳孫孫青向人 珠樹舘集

州治在城東南隅 涿州志

劉懿無訟堂記大德辛丑大都葛侯叔茂來爲州牧扁其廳事曰無訟涿爲天下局鬪覲獻京師者咸取路焉歲時迎餞民役繁劇爲最牧守必才能者任之侯下車首建斯堂蓋有志乎民者也 同上

州儒學在州治西南剏于唐建中間金元因之明正統元年知州朱巽修之金問爲作記隆慶辛未知州沈坤復修之申時行爲作記 同上

范陽郡新置文宣王廟碑韋稔撰文張澹行書貞元五

年二月立在今涿州金石文字記

唐韋稔涿州新置文宣王廟碑天下郡縣悉有文宣王廟而范陽郡無者何范陽本幽之屬石碣石左督亢流水經其前後有林麓陂池之利至於闤闠井肆之大關梁襟帶之固自河達燕其比不過一二先朝次列縣之級第爲望領戶萬流庸附占者如之兵興人拆茲又獨阜且倍幽之南百里而遙居鄚之陰二百里而近磅礴周廣隱然名區大曆初詔剖幽之范陽歸義固安爲州因涿郡之地題爲涿第爲上以范陽爲治所縣遂爲州治矣然此爲邑者率以多故未遑建置春秋釋奠蓋伺州之已事假籩豆寄升降於故階迨今幽州盧龍節度觀察等使工部尚書御史

大夫彭城劉公建中初假道州縣操長是邑覩茲遺闕喟然嘆息顧其寮曰學所以知君臣父子之義者昔在三代皆鄉里有教兩漢以降罔不述用三德剏今朝廷頒宗祀之詔郡縣畢置清廟溥崇明祠今州廷大張縣署悉陳而至聖先師時享無所豈導人重道之意乎彼劉琨剏祭器爲禮范甯養生徒興化皆所以達萬類而朝宗至禮也吾宰三百里作人父母必權輿斯廟以爲人紀乃視縣前近里之爽塏心規其制口劃其地廣狹之量平廬舍之區發其居人直以官俸給於瓦木丹鐵之費匠人作徒之要又以家財散之人不知役廟倏云構聖賢之像備饋奠之器具庭除肅然黎元翕如皆不待施而悅不待教而變

於是置食錢二百萬徒三千員洙泗之風集於碁月時公年始弱冠方剛之日克明古訓君子是以知公奉若典謨其將來者大矣令廣平宋晙方介直之士也倚法不削憂公如私以能名自薊縣而來遷政率由舊履公之躅守而勿失覩公之爲政而不及學舍興文翁之後罔或繕修琴堂挹子賤之風恒餘蹋蹐歌詠不足願言發揚見求徵詞以載貞石其所書者止於涿州置廟之實卽夫子懋緒隆德蓋存諸史冊且溢於古人之口豈余頑童敢詞頌焉銘曰振頹周室謷寐殷楹牘千百年炯作世程大唐御極治致昇平六五函三是執與同聖王既興夫子乃貴茸茅列爵建廟崇位蘋蘩截海聾瞶華思春誦夏絃於焉辨

志惟范之陽巍巍建邑朝命有作州廷乃立廟革新題堂升故級縣宲寄奠生徒罷習崇崇大賢昔歲臨茲匪頒勞役克就嚴祠美矣像設森然具儀風化之源一至雍熙斷斷伊人恪居所職食蘗苦志戴星任力贍我宏規闡我明德爰琢琬琰作階之側 吉金貞石志

金黃久約涿州重修文宣王廟碑記范陽舊有夫子廟在城東南唐貞元五年盧龍節度劉公所建遼統和中始移置於此年禩緜遠將就傾圮前爲守者非無意於更新徒以州治當南北之衝四方行旅取道往來十率八九使客冠蓋旁午晨夕疲於應接又案牘簿書視他州爲繁日不暇給故視以爲餘事大定

二十三年冬汾陽郭侯預自尚書郎出殿是邦下車之初以令從事伏謁祠下既而周覽庭宇憫其敝陋愀然變容退而嘆曰爲政之先獨不在於斯乎矧聖天子在上闡彌文緝墜典凡所以尊禮先儒誘進多士纖微畢舉發於誠心而州近在畿甸之內廼不能助宣風化況跡遠者哉於是命工繪圖亟議改築計所當費約用錢二十餘萬即日移文計司久乃得報減三分之二止得其一既不足於用方左籌右度未有以爲計其僚有顯武將軍梁儆先者爲主倉庫官毅然以身任其責造黃堂而請曰儆先里人也上世以儒學取科名享爵位小子不肖亦幸賴先人餘蔭入官秩登五品迹所由來非治心行已仰遵先師遺

訓何以臻此今廟在鄉里廢毁如是貽使君憂心實耻之願因斯時會里中一二大姓及子弟之業儒者各出私財以佐用度侯聞其言而義之即爲割月俸并諸贖鍰盡付之授之以成須厥效於後後起二十年夏四月二十日癸丑訖五月八日庚寅總爲屋十有八楹制度小大廣狹悉因其舊榱棟之腐撓者撤而易之垣墉之頹靡者築而起之階戺之缺罅者甃而完之薉薙荒翳塗濩漫漶中奠廟室旁列東西兩序以達於大門庖廪齋舍各有次第皆備無缺工募於民厚與之直役夫則用胥靡之徒豐其飲食皆不戒而勸舊圖六十二從祀弟子及前代名儒之像於殿壁十哲塑像之後則改繪於兩廡諸費除官給外

獨用錢四十餘萬皆出於衆人之樂輸非有所畏迫
勉强而然者落成之日公私改觀父老稱贊咸謂不
有刊勒何以視久遠侯乃遣人走京師遺書故人須
昌黃久約爲記而系之以銘銘曰卓哉素王百世之
師出逢周衰大道蔽虧立言著行是訓是彝有國有
家政行令施祗率軌範永作表儀生爲至人没有嚴
祠衮舄煌煌巍然面離春秋奠薦著令攸司范陽遺
邑有年於兹日毁月壞風雨弗支郭侯下車經之營
之去故取新付託疇咨允毅梁君造請以辭願幹葺
事惟公之爲庀財傭工費鉅不貲弗足於公競捐其
私屹然崇成會靡愆期學者用勸祀事以時之德之
功去益見思後來之人尚敬勿隳涿州志

元蔡欽涿州重修孔子廟碑皇元受命首重斯文尤
嚴祀典天下郡邑許建廟學追王者之封加大成之
號其崇奉之道至矣涿古之名郡城之巽隅故有廟
學自唐貞元歷今大定興建顛末先儒石刻俱有可
徵至元二十一年御史趙天爵按部至州憫其荒陋
割月俸倡率郡寮因故基創建殿宇翰林侍讀學士
李公謙已嘗文諸石樹於廟廷迨今幾六十年緜歷
歲久而塈塗剝落梁棟腐敗弗蔽風雨州治路當南
北輻輳之衝使賓旁午朝迓暮送事急政繁未遑葺
理至元庚辰東安張珪以蔭補官由大寧簿來判是
州視政未幾總府聞其才幹選徵赴都命主郡牧務
藁出納有方秋毫無犯事竟還州拜謁宣聖廟廷顧

官張侯職居倅貳能以斯文為已任其用意有過人者幕官王君秉心樂道繼成善績剏其簝屬又皆卓越之才炳炳相望契會一時恪勤官次不負委任深體聖上崇儒重道之意雖王事鞅掌簿書期會之煩而拳拳於風化之源振弊改作同濟事功為悠久之計觀政於斯可謂知所先務矣昔漢唐文翁常袞之化何以異於是故為一言以敘作新梗槩以為後來師帥於民者勸銘曰大哉孔子垂教無疆百王軌範萬世綱常堯舜文武祖述憲章漢唐而下歷代褒揚聖皇御極化被遐荒訖武宗文吾道彌彰加號大成誕告多方涿設廟學肇於有唐金源作新記石載詳至元重建經歷星霜剝落堅塗腐撓棟梁葺理輿思

前政靡遑張侯至止顧瞻彷徨愀然改容既懼且惶亟謀敬修僉言允臧悉捐俸金葦木陶甋郡耆士民樂輸贊襄補罅易壞榱桷斯卬屹然邃宇崇彼穹蒼王君繼至樂道心良兗郕沂鄒配享升堂於穆睟容冕服煌煌春秋釋菜宮懸樂張禮器嚴陳牲幣苾薌肅儀獻酌逢掖蹌蹌通祀罔極亦孔之光美矣儒風隆哉郡庠學者趨向日就月將宏搆落成咸歌循良鑱石勒銘永紀不忘　同上

華陽臺在州城內西北隅　同上

舊傳燕丹與樊將軍置酒華陽館出美人奇馬即此處　長安客話

荆軻與太子游東宮池軻拾瓦投鼃太子捧金丸進之

其傾圮慨然興嘆曰廟學者善教化正彜倫人材攸出首善之地國家之所崇奉致有崩摧瀆神莫甚焉知斯州者不得不任其責於是謀于監郡忽林赤同知州事秃魯沙慕賓呂忠王元孝以暨范陽屬官監邑令簿咸悅玆舉各捐已俸以倡於首郡之文儒衆吏多士秀民聞風慕義樂輸私帑雲集影從翕然助之保定張德輝博文碩儒適主郡校始終其役凡木石瓦甓之用悉酬之以善價至於民傭匠藝之工亦皆給之以厚值會計所費餘數千緡一毫未有擾於大農者卽涓吉日率作興事榱題桷棟朽者撤而易之鏬者補而完之頹圮者正之漫漶者餙之殿制巍然宏敞壯麗十倍前規經理聖門賢廡講室齋廚次

第一新非復疇昔之可比也繼而房山王慶來賓州幕展禮庭下覩其廟貌尊嚴甚稱敬仰然而傳道先師配享位列尚或失序其於奉祀之禮情文不能無相戾者乃遴成憲捐金募匠增塑郕公沂公之容改餙復聖亞聖之像歲春秋月旦望獻享釋籩豆之列升降之儀修舉是役也經始于至正辛巳之秋畢成於壬午之夏釁衈禮成校官張德輝偕幕官張鵬翼持安陸府教授郡儒王良所狀興造之蹟謁文於欽以誌歲月欽謝不敏其請益堅謹撫其實而謂之曰廟學廢興固其時也亦在守土之官嚮意與否耳方今文軌渾同皇仁一視惟務博選賢良以充守令期布宣風教興學養士變革民俗以底雍熙之治今判

又其乘千里馬輒曰千里馬肝美即殺馬進肝太子與樊將軍置酒于華陽臺出美人能鼓琴輒曰好手也斷以玉盤盛之燕丹子

崇元觀在涿州治北明一統志

智度寺在城東北隅刱自唐時有舊碑刻其後即雲居寺俱有石基浮圖名勝志

魏允中九日陪王郡判登涿州智度寺塔作悲風涿鹿散吹笳寶剎凌空貯法華杖屨天人穿百磴樓臺幾甸俯千家登高興好難逢菊懷土愁深已及瓜最是大夫能作賦山川搖落不須嗟伯仲連璧集

紫陽觀在州城內唐邊洞元修眞于此白日上昇元宗御製褒詞立碑名勝志

范陽鳳池院尼童子年未二十濃艶明俊頗通賓游創作新眉輕纖不類時俗人以其佛弟子謂之淺文殊眉清異錄

昭祐靈惠公廟在州城東南隅涿州志

元夏以忠昭祐靈惠公廟碑記涿郡城東南隅有古塚巋然世傳以爲清河張公之墓公諱秀仕唐爲馬軍兵馬使司兗大將軍檢校太子詹事安東副都護兼御史中丞郡人麗其塋而祠之目曰金甲將軍歲致祈禱尚矣又云墓嘗圮得金明昌六年石刻紀後漢將軍沒於是邑而瘞焉其稱清河則一而或漢或唐則異圖牒湮廢莫決其孰是孰非也天曆年間近關不守已而嬰城得全人指以爲神之功有司白於

上始封爲靈惠侯乞靈者日益廣神異亦日昭著不可殫紀至正十九年己亥春妖寇侵軼畿甸京師戒嚴徵調方殷遠邇騷動時諸將貪暴師亢無律數百里內掠人爲糧郡邑率自殘毁惟涿未破監將矯命利其有以三月戊午遽入據之民之窩其與鑊者日以千百計居十有五日而去人咸謂非神陰遣之必靡有孑遺矣請增秩於有司以答其貺命未及下諸軍之接壤而屯者相比歲饑餽餉不繼將以兵叛冀飽於涿者非一日明年庚子四月己巳城陷雖晡至夕迺然剽掠焚蕩憯甚驅以負荷者男女無筭又將割烹之莫不露禱祈善返越三日歸者餘五百人又以爲非神之力不及此申前之請益虔中書下其議

太常遂加昭祐之號而易爵以公命下郡人割牲釃酒以告范陽尹鄭公俊其事屬命記之且曰吾赤子幸存神賜也嗟夫天地儲精得五行之秀者爲人其有聰明正直卓然不同於流俗者則能立功名於當世垂事業於方來故其歿也則爲明神漢人所謂生封侯死廟食者是已且人之以禍福聽於神者亦哀世之志也天道福善禍淫神豈能私予奪於其間哉因其有神而禱之尚足以繫其遷善悔罪之心庶幾率德改行焉爾祭法曰能禦大災者祀之能捍大患者祀之公之血食於兹土也非所謂能禦大災捍大患耶聰明正直固不容以小智窺之矣雖然神依人而依者也向使顛連無告祈哀於廹切之際而不因

有以全之則將死徙無遺又何以得今日齋明盛服以承祭祀如此其嚴乎鄭君大庸欲誌之於不朽者豈徒以揭其報貺之虔殆著其民前日之慼而勸其民後日之無或怠也予前掌教於郡悉其顛末故次第其事而書之 同上

城東三里普壽寺浮圖高十丈石基高二丈周圍二百步涿郡山川之勝一覽俱在目前 名勝志

盧植故宅在州東十五里地名盧家濼土壤肥饒子孫世居焉 同上

盧氏姜姓齊文公子高高孫傒食采于盧濟北盧縣是也其後因以爲氏田和簒齊盧氏散居燕秦之間秦有博士敖子孫家于涿水之上遂爲范陽涿人裔孫植子毓三傳生諶諶五子勗居巷南號南祖偃居北號北祖 唐宰相世系表

涿州舊有塔在桑乾河中名鎮河塔嘉靖元年塔崩內有古錢皆飛空如蝶自後河水不時汎溢 長安客話

嘉靖元年涿州修村塔倒內有古錢皆飛空如蝶塔在桑乾河中俗謂之鎮河塔塔壞河不時汎溢 燕山叢錄

督亢陂在幽州范陽縣東南十里逕五十餘里 括地志

方城有督亢亭 郡國志

督亢膏腴之地 劉向別錄

督亢溝上承淶水于淶谷引之則長瀆委注過之則微川輟流水德含和變通在我東南流逕逎縣北又東逕涿縣酈亭樓桑里南 水經注

督亢澤苞方城縣縣故屬廣陽後隸于涿郡郡國志曰縣有督亢亭孫暢之述畫有督亢地圖言燕太子丹使荊軻齎入秦秦王殺軻圖亦絶滅地理書上古聖賢冢地記曰督亢地在涿郡今故安縣南有督亢陌幽州南界也風俗通曰沆漭也言乎淫淫漭漭無崖際也沆澤之無水斥鹵之謂也其水自澤枝分東逕涿縣故城南又東逕漢侍中盧植墓南 同上

督亢之田在燕東甚良沃欲獻秦故畫其圖而獻焉 史記索隱

盧文偉說刺史裴儁案舊迹修督亢陂溉田萬餘頃人賴其利儁修立之功多以委之 北史

裴延儁轉平北將軍幽州刺史范陽郡有舊督亢渠徑

五十里漁陽燕郡有故戾陵諸堰廣袤三十里皆廢毀多時莫能修復時水旱不調民多饑餒儁謂疏通舊迹勢必可成乃表求營造遂躬自履行相度水形隨力分督未幾而就溉田百萬餘畝爲利十倍百姓至今賴之 魏書

盧宗道性麤率將赴營州於督亢城陂大集鄉人殺牛聚會有一舊門人醉言疏失宗道令沉之于水後坐酷濫除名 北史

齊孝昭皇建中平州刺史嵇曄建議開幽州督亢舊陂長城左右營屯歲收稻粟數十萬石北境得以周贍 隋書食貨志

督亢陂在范陽縣東南十里郡國志云陂見有海龍王

神祠在焉 太平寰宇記

陂舊有亭遺址高丈餘周七十步土人掘其處尚多古瓦礫金錢 長安客話

亭南有月池廣三頃其形如月 方輿紀要

月池在郡西南二十里約數十源泓以成溪灣以成池斗折蛇曲縠廻輪轉清瑩洞徹每秋清氣爽芰荷盛開鷗鷺浮沉錦鱗游泳可謂游觀之盛所矣 涿鹿記

栁河在州南南務里泉四時不竭 涿州志

涿州境東南有漢盧植墓土人呼爲南臺金王寂詩南臺故址今頹然漢盧植墓疑相傳植涿人先主嘗從受學者也 長安客話

盧植以初平三年卒臨困勅其子儉塟于土穴不用棺

栁附體單帛而已建安中曹操北討栁城過涿郡告守令曰故北中郎將盧植名著海內學爲儒宗士之楷模國之楨幹也昔武王入殷封商容之閭鄭喪子產仲尼隕涕孤到此州嘉其餘風春秋之義賢者之後宜有殊禮亟遣丞掾除其墳墓存其子孫并致薄醊以張厥德 後漢書

范陽陂在范陽城西十里方一十五里俗亦謂之爲鹽臺陂 水經注

范水在州南自易水淶水縣流入境下流合于巨馬河 方輿紀要

范水在州西南水北曰陽范陽郡名以此 名勝志

范村在州西南宋宣和四年童貫伐遼至高陽關遣种

師道總東路兵趨白溝辛興宗總西路兵趨范村既而興宗至范村爲遼人所敗 方輿紀要

武遂津北對長城門謂之汾門史記趙世家孝成十九年趙與燕易土以龍兌汾門臨樂與燕燕以葛武陽平舒與趙即此也又謂之梁門易水東分爲梁門陂在范陽城西南十里 元混一方輿勝覽

范陽粉水口有一墓石虎石柱號文將軍冢晉安帝隆安中閻丘南陽將葬婦于墓側是夕從者數十人皆夢云何故厄人以自安覺說之人皆同雖心惡之恥爲夢廻及葬但鳴鼓角爲聲勢聞墓上亦鼓角及鎧甲聲及至墓死于墓門者三人即殯之後閻丘爲楊佺期所誅人以爲文將軍之祟 太平廣記

按粉水不見地志諸書疑即汾門之譌

故廣陽國城漢置今廢故城在今范陽縣西南 太平寰宇記

廣陽城在州西南十五里後漢封劉良於此 涿州志

昭烈帝廟在樓桑村建于唐乾寧四年金承安初重修黃華老人有記明洪武初更新之至弘治二年知州事張遜重搆殿三楹旁翼二配殿 同上

樓桑里劉備之舊里也 水經注

漢昭烈宅在涿州樓桑村昭烈在民間所居有桑層蔭如樓因曰樓桑今尚在其下留題甚多 燕山叢錄

涿州之淶水道中有大桑樹高十餘丈蔭百畝云即昭烈舍前之桑也自漢及今千五百年矣而扶疎如故且

其椹視常桑倍大土人珍之以相餽遺云余按蕭道成所住宅亦有桑樹高三丈許狀如車蓋道成好戲其下兄敬宗謂之曰此樹爲汝生也今宅旣灰滅而桑之有無亦無人能知之者信乎在人不在物也 五雜組

樓桑村在涿州西南十五里云是漢先主故宅村故有三義廟祀漢先主而以關壯繆侯羽張桓侯飛配焉 長安客話

先主少孤與母販屨織席爲業舍東南角離上有桑樹生高五丈餘遥望見童童如小車蓋往來者皆怪此樹非凡 三國志

涿人李定云此家必出貴人 漢晉春秋

先主少時與宗中諸小兒於樹下戲言吾必當乘此羽葆蓋車叔父子敬謂曰汝勿妄語滅吾門也 三國志

蜀先主廟碑唐郭口撰正書乾寧四年立石今在涿州樓桑村廟中文已剝蝕 金石文字記

金王庭筠涿州重修漢昭烈帝廟碑記仁者未必成功成功者未必仁仁者之心以仁天下不仁者之心以仁濟其私故善論人者論其心之何如而成敗不與以仁濟其私者發於其言見於其事亦仁也蓋竊仁以欺天下夫竊仁者是有大不仁根著於心然竊仁易窮也而根著於心者卒不可掩天下之人莫不腹詈臆唾雖一時成功旋與草木同腐矣仁者之心不以其身其家而以天下故天下之人亦相與謳歌戴仰願以爲君雖生無成功天下之人莫不嘆息

至後世猶喜稱道精爽在天能推其仁心用之不已施之不竭呼吸而雲雨咄嗟而風霆咫尺萬里朝夕千載此理之自然無怪者先主仁人也當陽之役不以身而以民永安之命不以家而以賢雖不能如其言要之其心如是而已有厚愛天下之心必饗天下之報至今天下之人猶嘆息其無成而喜稱道之涿之人又祠而奉之宜哉涿先主之故家也廟距州西南十里而遠庭有石乃刺史婁君延重修記唐乾寧四年也則血食於此舊矣歲久屋老纔庇風雨今年夏四月里民始議增葺於是富者以貲巧者以藝少者走以服其勞老者坐以董其功稍完治中堂新作門廡又作兩廡配祀元臣諸葛孔明關雲長法孝直在東龐士元張翼德簡憲和在西旣成具興廢歲月乞文於庭筠將以刻諸石庭筠曰五季兵火之餘室廬焚蕩殆盡而廟貌巋然獨存悍夫暴客過堂下歛兵肅跽不敢犯則其仁之入民深矣大哉仁乎蘊之於心充於天地被於萬物盍有不與死而俱亡者幽而爲神其遺澤殘烈施及天下後世以達其生平未厭之心必矣豈獨私乎一鄉哉祠而奉之者特其鄉人之情耳庭筠旣書其事復作歌遺之使迎送神佐其鼓舞以樂之其辭曰舜禹不可作兮古猷日潰盜取盜守兮恬不怪仁人起兮力砥其廢志天下兮豈獨爲漢計大統未一兮時已逝奄爲神明兮陟配上帝何紓我憂兮仁及異世彼曹丕兮死爲妖彗㩀長

鈌兮載芟載劂燕山之陲兮范水之裔平疇如砥兮惟神之豐沛鬱童童兮羽葆蓋帳籬樹兮今安在記兒時之舊事兮想亦爲之一慨神之去來兮蒼虬羣駟粲華裾兮鏘鳴玉佩絙瑟而吹簫兮紛羣音之繁會牲肥酒香兮神其飫醉來雲席帝兮回風滿旆將而送兮百拜民不忘兮遺愛驅螟蝗兮疫癘時雨暘兮屢歲俾富康兮耆艾民德神兮事之無替 吉金貞石志

郝經書黃華涿郡先主廟碑陰作稱道孔明獨有杜少陵論著昭烈復見王黃華君臣一體始無媿蜀相祠望樓桑家咋因應詔過燕南青林一簇啼鳶鴉簫鼓寂寞村社散廊廡憀淡昏龍蛇西南一碑刻蒼玉每讀輒止驚咨嗟磊落一片恢復心始終于仁無少差當陽之言永安命三代聖王何以加仲謀雄畧祇僭僞阿瞞詭譎空姦邪論議到此眞不欺文采絢縟森芳葩書法二王作眞行得意頗勝如時花歌謠慷慨燕趙義士風但恨不能完漢軍敗崩三巴百匝細讀立復坐不覺午日傾簷牙徬徨欲去不忍去饑馬更繫枯荊楂東夷何以得此人日出之國王氣韜朝霞滅遼服宋帝諸夏禮樂制度無疵瑕家世章廟布衣臣貴冑爲族來幽遐春深徑渡鴨綠江太行山巔高挂浮海槎風流儒雅冠當代碧雲玉樹栽烏紗漢魏以來無此作作詩爲向諸生誇 陵川集

郝經涿郡漢昭烈皇帝廟碑涿郡爲昭烈帝里故其

廟祀尤盛涿故燕國古多豪傑之士歌謠慷慨借交報讐遺風尚存每言曹魏篡漢之事莫不欷歔流涕想見昭烈君臣之父子故其祠下拜謁而致奠者朝夕不絶其歲時祀事合沓走集不遠千里指示樓桑故居彷徨不忍去廟在涿郡南十里而近自隋唐五季遼金以來皆即故居代爲增葺其正殿當中山靖王之後昭烈像設衮冕南向其佐命將相則列于兩廡左則諸葛亮龐統法正許靖右則關羽張飛趙雲馬超位序崇敞有法制焉廟故有碑金翰林應奉王庭筠詞推明昭烈之志論議文采近世所無然猶題爲先主名號有未正焉按春秋左氏傳稱先主者大夫稱其先大夫之辭生則稱主没則稱先主非帝王

之號也魏晉私計以昭烈父子爲僭僞故稱蜀不稱漢以昭烈爲先主安樂爲後主至陳壽作志卽以漢與魏使昭烈父子與劉璋共爲蜀志其後著書者皆以魏爲正統惟宋司馬光更蜀爲漢初曰漢中王卽位曰漢主崩則曰漢主殂追稱則曰漢昭烈帝而亦不以正統歸之至建安朱熹始奪黃初之統以章武繼漢焉或者又以爲族屬踈遠不能紀其世數名位猶宋高祖稱楚元王後南唐烈祖稱吳王恪後此又從而爲之辭者也後世之致疑未若孔明之傳信曰將軍既帝室之胄信義著于天下又曰霸業可成漢室可興爲帝胄使興漢室當是之時莫不以昭烈爲漢帝曹氏爲漢賊豈至于後世而欲以一巳之私反

之哉故正其名號曰漢昭烈皇帝榜其殿而系之以詩曰高祖造漢拯民塗炭世祖戡難民適思漢兩都二祖垂四百年昭烈之興死灰復燃難于二祖百折不沮倉皇奔走衆纔一旅豈悌仁厚民心是歸必得國士乃可有爲既挾熊虎復起卧龍電掃漢南雷震江東蹴操扼吳據有梁益遂取漢中興王立國高皇之起始實在此拓定中原貽于孫子漢賊不並顧豈偏安丕豈其敵誅讐弗難天不假年僨軍崩殂不能致討還于舊都顧命孔明伊周之事不私其子天下大計瑯琊格言最以爲善三代君臣乃今復見宗臣流涕效死出師游魂倀鬼折敗不枝崦嵫返照有光屬天既絶之統復一再傳三君一仁三起三滅廟食

帝里至今不絶燕山之陽涿水湯湯篤生異人復一高光杜鵑不來桑猶在寢刻詩廟門萬世是諗　同上

王寂涿郡先主廟詩當年竹馬戲兒曹笑指樓桑五丈高故國神遊得無恨壞垣風雨夜蕭騷　中州集

周昂涿郡先主廟詩暗粉陳丹半在亡短垣殘日共悲涼不須古碣書綿竹自有荒村記葆桑塵土衣冠曾繫馬歲時歌舞亦稱觴不應巴蜀江山麗能使英靈忘故鄉　同上

文天祥經樓桑劉先主故宅作我過涿門城樓桑在其北元德已千年青烟遶故宅道傍爲揮淚徘徊秋風寒天下卧龍人多少空抱膝　吟嘯集

陳孚謁先主祠作古廟千年後桑陰滿涿州亂山空

北向大火巳西流遺恨三分國英雄百尺樓里人牲酒奠想像衮龍浮 觀光集

傳若金涿州樓桑村先主廟詩孤村縹緲見靈祠廢宅蒼茫失故基蜀鬼夜還風滿蓋涿人朝祭雨霑旗璽文定復歸寒水桑影猶疑覆短籬終古鄉閭有遺恨衣冠空想漢威儀 傅與礪詩集

頓銳樓桑廟迎神辭帝子降兮范之陽恍臨睨兮舊鄉山蒼蒼兮水泱泱神之來兮驂駟虬玉鸞鳴兮啾啾雲車兮羽蓋樓桑陰兮蔽芾牲既肥兮酒香繐帷施兮雕玉床荃高坐兮樂未央又送神辭帝子去兮安之違桑梓兮心孔悲白帝城兮永安宮魚之腹兮蠶叢巫陽雲雨兮洞庭風波雖信美而非吾土兮矧

蛟鱷與黿鼉歸來兮歸來其樂兮如何 鷗汀集

沈自邠樓桑先主廟詩赤伏符難再三分志未伸江山千古恨祠廟百年新事業歸龍戰飛揚憶虎臣廟以關壯繆侯張桓侯配食枯桑非舊日灑淚向南旻

沈修撰集

譚貞良謁樓桑先主廟詩系出中山近名從小沛聞卜隣占李定望氣待周羣象叶黃龍瑞符仍赤帝文全家頻脫險一旅忽能軍名士收諸葛英雄獨使君志寧摧百戰力已限三分淚盡髀生肉魂歸棧入雲枯桑遺廟折野火斷碑焚繫馬靈風至題詩塞日曛枌榆存舊社絃管尚紛紛 猶石居遺藁

世廟末涿州樓桑廟傍農人王某田間石礎傳自上世

忽有賈胡過視欲購以十金其家疑不聽賈既去其兄弟以失價相詬斧破之中空涵水一盂而已清冽異常不省所用置神堂婢竊飲之數日膚潤而腴髮黑如漆通知未來事其姑家相距百里曰姑家火發已及舆室又曰家牛生犢母子當弗活已而果然聲聞于外遠近塡門部使者表聞中使下迎婢忽不見耳譚

去樓桑村三里爲酈村酈道元故居也名勝志

巨馬水又東酈亭溝水注之水上承督亢溝水于遒縣東東南流歷紫淵東余六世祖樂浪府君自涿之先賢鄉爰宅其隂西帶巨川東翼茲水枝流經通纏絡墟圃匪直田漁之贍可懷信爲游神之勝處也其水東南流又名之爲酈亭溝水經注

紫水其泥亦紫幽都記

展臺在州西南二十里相傳燕昭王展禮賢士於此長安客話

城西南二十五里佑聖寺古槐有紫藤纏其上名勝志

桃水出涿縣故城西南奇溝東八里大坎下數泉同發東逕桃仁墟北或曰因水以名墟則是桃水也或曰終仁之居非桃水也按地理志桃水上承淶水此水所發不與志同謂終爲是水經注

州西南三十里岐溝宋時置關以備契丹者長安客話

岐溝距涿州西南四十里亦曰奇溝又曰祁溝唐末設關於此晉王存勗天祐十年遣周德威出飛狐攻燕與鎭定兵會于易水進攻祁溝關下之遂圍涿州守將以

城降宋雍熙三年曹彬米信等與契丹將耶律休哥戰于岐溝關敗績彬等夜渡巨馬河南趨易州休哥領精騎追及溺者不可勝計宣和中亦嘗設關于此以備金 方輿紀要

關在巨馬河之北自關而西至易州六十里由巨馬河而東至新城縣四十里 通鑑注

燕昭王臺在州西南五十里 涿州志

臺東有三峯甚崇峻騰雲冠峯高霞翼嶺岫壑冲深合烟鎖霧者舊言燕昭王求神仙處也 元混一方輿勝覽

范陽郡有獨鹿鳴澤 通典

獨鹿山在州西十五里下有鳴澤漢元封四年由同中北出朝那蕭關歷獨鹿鳴澤從西河還卽此 方輿紀要

竇禹鈞墓在州西團柳村 涿州志

禹鈞仕後周爲諫議大夫五子皆登第馮道贈詩燕山竇十郎教子有義方是也今涿州西二十里有禹鈞墓土人呼爲十郎冢 長安客話

竇諫議禹鈞嘗因元夕往延慶寺燒香於後殿堦側拾得銀二百兩金三十兩遂持歸明旦侵晨詣寺守候失物主須臾見一人泣涕至公問所因其人具以實告曰父犯刑至大辟徧懇至親貸得金銀若干將贖父罪昨暮以一相知置酒酒昏忽失去今父罪已不復贖矣公驗其實遂與同歸以舊物還之 范文正公別集

竇氏同宗及外姻貧困有喪不能自舉公爲出金瘞之由公瘞者凡二十七喪親戚故舊遺孤有女未能嫁者

公爲出金嫁之由公嫁者孤女凡二十八人相知窘困出公活其族者數十家及公之亡有持心喪三年者 同上

禹鈞五子儀儼侃偁僖儀至禮部尚書儼禮部侍郎皆爲翰林學士侃左補闕偁左諫議大夫參知政事僖起居郎 同上

竇儀尚書本燕人家法整肅尚書每對客即二侍郎三起居四參政五補闕皆侍立焉 丁晉公談錄

石虎岡在州西五十里 涿州志

山上有二石虎 混一方輿勝覽

龍安山在州西五十里 涿州志

龍安在郡西四十里回巒繚繞深谷透迤自下而上有紀有堂雨過則嵐光欲滴 涿鹿記

龍安大房諸山之支隴也 方輿紀要

桃水首受涞水于徐城合于聖水始滙范水城西桃莊以此名 名勝志

桃莊在州西北一里張桓侯舊里也 涿州志

挾河水出良鄉縣西甘泉原東谷東逕西鄉縣故城北王莽之移風也世謂之都鄉城又東逕良鄉城南又東北注聖水世謂之挾活河 水經注

涿水源從大同得勝堡入至老班溝一之涞水縣一之涿州沙水俱活東西不定故謂之挾括水又謂之聖水也督亢亭州南一帶至新城皆是其北乃涿水所入盧文偉修爲陂故道猶存 名勝志

挾河自房山縣東南流與胡良河合 明一統志

挾河在縣西北二十里亦名巨馬河 方輿紀要

按挾河或謂源自大同邊界入或謂源出良鄉房山或云卽聖水或云卽巨馬河難以臆定也

西鄉廢縣在州西北二十里漢置屬涿郡後漢省或謂之都鄉城 方輿紀要

西鄉侯國莽曰移風 漢書志

涿州西北五十里有惡峪漢世已有此名盧它人封惡峪侯是也峪中雲氣瀰漫四時不絕 長安客話

史記亞谷侯漢書作惡谷鄭康成釋書大傳謂惡爲亞劉原父謂古亞惡二字通用 兩漢刊誤補遺

崿峪在郡西北五十五里草木榮茂 涿鹿記

盤坡在郡西北三百里坡有上中下西爲表而東爲裏儼若畫屏夕陽西墜紫綠萬狀 同上

駝羅口在州東北宋雍熙中圍涿州契丹主隆緒由駝羅口應援卽此 方輿紀要

巨馬河出代郡廣昌縣淶山東過迺縣北 水經注

盧景裕字仲孺小字白頭專經爲學居拒馬河將一老婢作食妻子不自隨從 北史

遼聖宗統和四年宋將曹彬米信北渡拒馬河與于越休哥對壘南北列營長六七里五月戰于岐溝關大敗之追至拒馬河 遼史

燕京留守蕭孝穆乞於巨馬河接宋境上置戍長巡察

同上

開泰七年沿巨馬河宋界東西七百餘里特置戍長司一員巡察 同上

至元二十一年四月涿州巨馬河決衝突二十餘里 元史世祖紀

至治元年七月滹沱河及范陽縣巨馬河溢 元史英宗紀

李廷機巨馬河橋碑涿城北二里爲巨馬河水白紫荆外鐵嶺崖來會覇水趨直沽入于海涿故南北孔道河流湍駻行者病涉萬曆改元州人以造橋請聖母慈聖皇太后憫民疾苦捐貲與剏而巨馬河始有橋萬曆十五年雨潦橫決聖母仍出宮中供奉金命內官監太監張進工部都水司員外郎甯化龍屯田司員外郎易登瀛協董其役以萬曆十六年正月經始踰年而橋成爲洞門者九改造者七易去木龍骨悉用石甃磨礱緻密數倍曩時 李文節公集

傅若金拒馬河詩落日蒼茫裏秋風慷慨多燕雲餘古色易水尚寒波岸絕船通馬沙交路入河行人悲舊事含憤說荆軻 傅與礪詩集

姚廣孝拒馬河詩大河擬長淮湍急去如瀉未足限南北猶能拒戎馬牛馬顧其濟蛟龍蟄其下洶湧拍遠天漫演散平野中流漁子多兩岸居人寡從來燕趙間紛紛戰爭者以兹壯其國固舍曾不舍河伯顧揚靈終古保民社 逃虛子集

林垠拒馬河作拒馬河邊驛路長甚胡卩外又斜陽舂光已過六十日不見花枝空斷腸野橋集

胡良河在州東北二十里源出房山縣大安山東麓流入州境又南與挾河合流入良鄉縣界注于琉璃河方輿紀要

湖梁在郡北十里垂楊樹隄蒲葦夾岸曉月升時漁榔欸乃樵夫牧子逍遙于廻塘曲渚之間不少佳致涿鹿記

萬曆甲戌有詔發帑金爲橋涿之胡良渡大司空朱公衡力爭又建玉女祠于涿以內帑二千召司空修之司空又爭太后爲武清治第費以數萬司空稽故事多所裁抑太后頗啣之穀城山房筆塵

張居正敕建涿州二橋碑涿州北有河二自西山諸泉來者曰胡良河距城七里自紫荆關外鐵巢崖入者曰巨馬河距城二里每伏秋水發洶湧暴至行旅走避不及歲漂溺常數百人聖母慈聖皇太后念之會州民有奏乞建橋者聖母自以宮中供奉金募工一夫不役于民一錢不取于官也司禮監太監馮保舉內官監太監劉濟工部尚書朱衡舉郎中易可久賀幼殊督工乃以二年正月興工五閱月而告成事胡良河橋一巨馬河橋一高廣各二丈長三十餘丈皆甃以巨石錮以鐵錠費不過七萬役不過數月往嘉靖間建琉璃河橋一費三十餘萬茲二橋之費不當四之一而堅緻精工乃過之太岳集

金將完顏合住監軍阿典驗哥以步兵萬二千人糧車五百輛援中都石抹明安將三千騎往擊之遇于涿州宣封寨獲驗哥合住遁去盡得其輜重 元史本傳

灰洞在涿北燕南兩傍皆高岡路極狹無風而塵土坌積咫尺不辨人物 石湖集

范成大灰洞詩塞北風沙漲帽簷路經灰洞十分添據鞍莫問塵多少馬耳冥濛不見尖 同上

涿鹿衛在州治西北永樂七年建涿鹿左衛在州治西永樂八年建涿鹿中衛在左衛西永樂十一年建 方輿紀要

日下舊聞卷二十九終

日下舊聞卷二十九補遺

京畿五

夏世侯伯有范卽今之范陽 國名紀

王次仲隱居范陽變篆籒之體始爲隸書秦始皇旣定天下三詔之使入秦不至復命使以檻車載之次仲忽化一大鳥翻然出車使者驚拜曰無復命必見誅惟神人憫之鳥徘徊空中拔墮三翮使者得之以進始皇悔恨因名其地爲落翮山 眞仙通鑑

邊洞元者范陽女子幼而高潔仁慈好善每霜雪凝沍鳥雀饑栖必求米穀以餵之歲月旣深鳥雀望而識之或飛鳴前導或翔舞後隨年十五白其父母願得入道父母未之許也旣笄誓以不嫁奉養甘旨數年丁父母

憂毀瘠不食幾至滅性服闋詣郡中女官請爲道士治機杼紡織晝夜不懈性亦好服餌往往爲藥所苦嘔逆吐痢至于疲劇亦無所怨一旦有老叟負布囊入觀賣藥衆問賣者何藥叟曰大還丹服之長生上仙叟面目黧黑形容枯槁行步傴僂衆笑曰旣服之長生何憔悴若此邪逡巡暴風雷雨衆驚悸稍稍散去叟曰此間有女道士好行陰德絶粒多年者何在或指其院以示之叟入院徑至洞元前曰此有還丹大藥能服之乎洞元驚喜延坐問藥須幾錢叟曰所值不多五十萬金耳洞元曰窮窘無錢何以致藥叟曰勿憂子自幼及今四十年矣三十年來積聚五穀餧飼禽虫以此計之不啻藥價也卽開囊示之藥丸青黑色大如梧子者二三斗令

洞元自探之洞元所得三丸叟曰此丹服之易腸换血十五日後方得升天乃中品也又于衣裾中解一合子大如錢出少許藥如桃膠狀亦似桃香叟于井中汲水調此令吞之謂曰子宜處臺閣之上七日可以升天當有天衣天樂來迎矣須臾雨霽叟不知所之于是洞元告人曰吾不欲居此願登門樓之上時樓猶扃鎖語未終已騰身而上矣一郡之內觀者如堵太守僚吏遠近之人皆禮謁焉洞元告衆曰中元日可來相别衆乃致齋大會七月十五日辰時天樂滿空紫雲蓊鬱縈繞觀樓衆仰見洞元升天幡旌羅列直南而去午時雲物方散太守具以奏聞是日巳刻大唐明皇居便殿忽聞異香紛郁有青童四人導一女道士年可十六七進曰妾

幽州女道士邊洞元也今日得道升天來辭陛下言訖冉冉而去乃詔問所部幽州亦驛騎馳奏與此符合勅其觀爲登仙觀樓曰紫雲樓命校書郎王端敬之爲碑以紀其事 墉城集仙錄

昆田謹按廣異記以洞元爲冀州棗強縣女道士所載上昇事亦不同夾漈鄭氏編藝文畧有邊洞元升天記一卷從靈佑宮檢道藏未得其書不知記中主何說也

太宗既平太原遂觀范陽得汾晉幽薊之馬凡四萬二千餘匹 截江網

天聖中侍御史知雜事章頻使遼死遼無棺櫬轝至范陽方就殮自後遼人常造數漆棺以銀飾之每有使人

入境則載以隨行至今爲例 夢溪筆談

胡曾涿州詩涿鹿茫茫白草秋軒轅曾此破蚩尤丹霞遥映祠前水疑是成川血尚流 咏史詩

陳孚涿州詩晨發白溝河薄暮宿范陽殘城無雉堞枯木鳴白狼回首望中原日落烟茫茫天低鶻沒處彷彿見太行緬懷昭烈帝八尺鬚眉蒼平生漢社稷志欲爲高光惜哉不得就越在天一方里人亦何知牲酒奠樓桑車蓋不復見但有秋草黄我來已千載誰復悲興亡天明登車去塵霧沾衣裳 觀光集

吳天泰涿州詩寂寂樓桑村下路王孫販屨竟何之豫州若向幽燕起子幹應爲帝者師 星帶草堂集

涿州張桓侯廟有二一在城内一在城外 黄圖雜志

陳懿典涿州重修張桓侯廟碑畧漢車騎將軍張侯專祠在蜀涿州其所生之鄉州有廟舊矣方侯之從先主起也間關百戰艱險周旋身陷陣瀕危者數矣而卒矢志興復九死不回及與諸葛亮泝江定蜀三分鼎建之業開拓爲多作鎮巴西破張郃之衆曹操逡巡引退不敢復窺漢川庶幾哉可與關壯繆爭烈矣而侯氣吞吳魏方勃勃未已乃竟死帳下兵卒之手其志鬱而未伸其精爽必有不可磨滅者則侯之有廟以奔走其鄉之父老子弟宜已然侯非獨勇烈茂也蓋亦有君子之風焉當搶攘中士皆從强大就功名侯獨依先主共事艸昧孔明一出而居其上黄馬後起與並列壯繆猶待費司馬之解而後釋然侯

則退無後言又皆降級而釋嚴顏此尤雄鷙者所難而侯獨能之以勞定國以死勤事侯誠合乎祀典者矣 吏隱齋集

衛公膚敏使金至涿州與斡離不遇請相見問其儀以例對公笑曰所謂例者非趨伏羅拜乎皇子雖貴人臣也使人雖賤亦人臣也兩國之臣相見而僭君是一國二君也不祥莫大焉乃長揖而入 浮溪文粹

眞大道第八代師曰岳眞人諱德文涿州人始涿有童謡云涿有八岳父老莫之解也後眞人號岳祖蓋其徵云 道園學古錄

琴高執笏于宋康 抱朴子

太宗泰常七年九月温泉出于涿鹿人有風寒之疾入

者多愈 魏書靈徵志

汪藻賀收復涿州表臣聞黃帝得天始正阪泉之伐宣王復古爰興玁狁之師緬惟幽薊之區久失漢唐之舊厥留丕績以待聖時出成算于九重拓提封之萬里風聲鶴唳何勞震疊之餘簞食壺漿惟恐歡迎之後皇帝功高治古道冒綿區兼收區夏之心克紹祖宗之志得皇天之所覆徠上古之不臣前茅突入殊疆破竹遂無遺策臣幸逢嘉會適守遐藩傳聞毳帶之朝恭陳渭上遥想龍墀之慶獨阻周南 五百家播芳文粹

石珤涿郡詩二水爭流繞郡南郡城東望五雲含風生帝子樓桑里月射桓侯浴馬潭古俗多年猶慷慨

廢臺無客更遊談津郵日日鳴鉦皷看盡行塵擁使驂 熊峯集

涿州北關東嶽廟規制敞麗萬曆二年慈聖宣文皇太后勑修有張居正碑 甾素堂集

王惲涿州移置攷至元八年秋九月予以省覲來涿因拜謁孔子清廟遂讀唐貞元中使持節都督幽州諸軍事彭城劉公建孔廟碑乃知州治本幽州盧龍軍屬邑范陽縣也至代宗大曆初詔始分范陽歸義固安三縣爲涿州治范陽涿郡即涿郡故地爲名按輿地廣記漢初高祖始立涿郡魏文帝改范陽郡其地左碣石右督亢南控鄚城百里而遥北連幽薊百里而近唐已來中間控制蕃戎部落甚衆又河流縈帶前後有林麓陂池之利周廣磅礴鬱爲雄藩及辨讀遼統和廿八年州刺史廣陵高公移廟碑陰記云舊廟本在南城東北隅是年刺史高公移置南城東南隅康莊之左因復悟今州城南北若連環然意者置州時展築南城而廣大之今市中隔門本故縣城南門也觀此前後證據甚明無可疑者噫予往來幽涿間蓋十年于兹嘗以隔門之制爲惑詢訪土俗莫詳其故且方物之辨一事弗知君子耻諸不圖閒一得二使數年之疑一旦渙然氷釋亦可喜也特表而出之敢貽涿之好事君子以俟更攷云 秋澗集

王惲謁樓桑昭烈帝廟詩百里燕南道山河繞帝宫荒村仍故里喬木幾秋風简册經綸在丹青户牖空

寥寥千載下伏臘祀攸崇 同上

金人以山後諸郡不可守卽移兵山前是時太祖經畧山後諸州皆平自紫荆關領兵大入攻涿州州兵殊死戰晝夜急攻四十餘日拔之 魯國忠武王行錄

涿州有靈椿寺寺中椿樹一本大不可量枝榦繁盛凡樹影皆隨日月升沉以爲邪正而椿影早暮未常少移故以名其寺 宦游紀聞

洪适使回至涿鹿詩回首燕然日再西一杯相屬使軺歸殘花媚野不妨好倦鳥投林自在飛可惜光陰銷客枕不嫌塵土染征衣大明退直清和日巳約梯雲訪翠微 盤洲集

京畿六 房山

房山縣在涿州西北四十里東至順天府一百二十里本艮鄉宛平范陽三縣地金大定二十九年始置萬寧縣以奉山陵明昌二年改奉先縣 方輿紀要

劉因過奉先縣作閏遼分宋統此志亦雄哉置縣名猶在因山勢已摧百年元魏史千古汝南哀華表鶴應有悲風海上來 劉靜修集

元至元二十七年改爲房山縣屬涿州 方輿紀要

房山本艮鄉之昌黎里 清類天文分野之書

漢有房山侯蕃亭鄉侯之屬元始以名縣金之萬寧縣遺址在縣治西 名勝志

房山城創于金大定間垣高丈餘圍一千四百四十步方各有門東曰朝曦南曰迎恩西曰仰止北曰拱極明隆慶間始甃以石縣治在城西南隅 涿州志

房山舊是土城隆慶巳巳知縣事李琮采石甃之增崇至三丈 房山縣志

元房山縣尹朱禮去思碑馬恕撰文 古金貞石志

儒學在縣東南隅儒林坊創于元延祐間 縣志

魏必復房山建學碑聖元大一統憲章百王尊禮孔聖加崇大成徽稱丕作新廟亹亹穆穆而又樂備禮嚴誠惟首善新民以警風天下房山奠邦畿旣載宅朔方距都城百里任土置縣肇金源六葉隸名京畿曰奉先朝廷因兹山改名距金餘百載迄未有先聖

先師祀至元甲午僉徽政院弭禮於時薦員中省慕
卜縣巽方僨隙地廣袤嬴敏者再始潛心經度禮縣
人也大德改元俾直學料顯旬監縣牙忽辛朱世昌
簿楊政尉木八剌主吏鄭惟良咸自誦此則我職敢
不敬應於是庀工蒇役禮偕縣人知湘潭州張汝楫
輸楮幣以倡是年正殿成明年神門成又明年祁人
劉仲勉工塑像設大成巍巍南面垂旒被衮兖鄒兩
公十哲序位左右侍準古範陶器室春秋釋奠一如
監學通祀儀大德甲辰宰王傑簿史忠尉小云失監
殿地後不稱繼續二畝有奇搆明倫堂傑作治甚力
甫畢及瓜延祐改元春宰王元恕念惟兩廡未備考
之故事從祀闕今歷年所禮謂宜亟作治不爾待後

視今猶今愴前也即與俸入疏平昔交同志以相厥
事合楮幣餘三千緡屬監縣明安答宰元恕簿伯住
尉張彥澤起兩廡庖內外門壝未備者先是詔罷不
急役議者謂方春事東作宜弛廟繕修令與監縣已
下相勵曰教化國家急務風俗本原奈何廢弛矧是
役也斂弗及民朽者梓者悉疇傭以直陶者斤者悉
物賈以售茲俾遂事則勸民以禮勉吏以義孰敢忽
諸於是趨者胥徒隸兵咸入役身涖之不兩月煥然
就敘繪從祀七十二大儒二十四新祔十賢儼像攝
齊東西其冠冕服黼黻並取式監學應圖合禮廟門
夾兩翼致齋室內外按圖制悉具登降有度有數士
子覩廟事畢掌石局張彬亦縣人也目擊心悅欽服

美事礲碑廟廷意以是役前後發心之誠作用之勤具載金石貽後人勿替今之功其勸善有在矣涿州志

福勝寺在縣治東北明洪武十五年建縣志

玄元觀在縣治西北隅同上

縣東十里徐村有塔同上

挾河出縣東南中浣谷流入涿州界方輿紀要

姚廣孝墓在縣治東北四十里太平里明一統志

聖岡在盧溝橋西二十里北有姚少師塔塔前有御製碑文右爲長羅寺司禮監太監王安墓在其後北游紀方

宣德元年五月立故少師榮國公姚廣孝神道碑初廣

孝卒太宗皇帝親製碑文命有司營葬并樹碑神道碑已具而文未刻至是其養子繼以請上出永樂中御製文付之曰其即刻碑以成皇祖嘉念功臣之志實錄

明成祖御製姚少師神道碑朕惟商宗得傅巖之叟以佐中興漢高用赤松之流以成大業蓋天之生斯人也豈偶然哉惟我太子少師姚廣孝蘇之長洲人祖菊山父妙心皆積善母費氏廣孝器宇恢弘性懷冲澹初學佛名道衍潛心內典得其閫奧發揮激昂廣博敷暢波瀾老成大振宗風旁通儒術至諸子百家靡不貫穿故其文章閎嚴詩律高簡皆超絕塵世雖名人魁士心服其能每以爲不及也洪武十五年僧宗泐舉至京師朕皇考太祖高皇帝一見異之命

住持慶壽寺事朕藩邸每進見論說勤勤懇懇無非有道之言察其所以堅確有守積純無疵朕益重之及皇考賓天而奸臣擅命變革舊章搆爲禍亂危迫朕躬朕惟宗社至重匡救之責實有所在廣孝于時識進退存亡之理明安危禍福之機先機效謀言無不合出入左右帷幄之間啟沃良多內難既平社稷奠安乃召至京師命易今名特授資善大夫太子少師既又錫之誥命祖考皆追封資善大夫太子少師如其官朕命儒臣纂修皇考太祖高皇帝實錄廣孝爲監修官躬自較閱克勤所事嘗歸吳中以所賜金帛悉散之宗族鄉人其平生樂善好施天性然也永樂之六年三月來朝北京仍居慶壽寺朕往視之與語極歡至二十八日召諸門人告以去期即歛衽端坐而逝享年八十有四朕聞之哀悼不勝輟視朝二日令有司爲治喪葬追封榮國公謚恭靖贈以勳號百司官寮暨畿內士庶遠近傾赴肩摩踵接塡郭塞衢雖武夫悍卒閭巷夫婦莫不贊嘆嗟咨瞻拜敬禮惟恐弗及凡七日儀形如生異香不散卜地西山礱石建塔四月六日發引靈輀飄灑法幢旋繞于以火之心舌與牙堅固不壞得舍利皆五色其所養深矣六月十一日乃葬墓在房山縣東北四十里嗚呼廣孝德全始終行通神明功存社稷澤及後世若斯人者使其栖栖于草野不遇其時以輔佐興王之運則亦安得播聲光于宇宙垂功名于竹帛哉眷惟耆艾

深切念懷乃揚其功德之不可泯者勒之金石以詔來人 樓菴小乘

弘業寺在縣西三里有塔 縣志

茶樓頂在縣西二十里上有金章宗歇涼臺 同上

龍含峪在縣西二十五里下有清和觀遺址 涿州志

弋穀尹宗師碑師諱志平字太和姓尹氏萊州人覲長春真人于棲霞觀執弟子禮又受易于郝太古巳卯歲太祖皇帝遣劉仲祿徵長春真人師爲勸行北上時從者十八人師爲之冠繼真人主長春宮尋葺大房山之真陽觀更曰清和宮謂侍者曰爲我灑掃西堂吾將逝矣是夜曲肱而逝中統二年詔贈清和妙道廣化真人門人撮其著述曰葆光集 甘水仙源錄

龍城峪下有伏龍穴出湯泉 名勝志

唐房山湯記張嘉貞撰開元十五年四月立 輿地碑目

五侯村在房山縣西南二十里 涿州志

易水出西山寬中谷東逕五大夫城南昔北平侯王譚不同王莽之政子興生五子並避時亂隱居此山故其舊居世以爲五大夫城即此岳讚云五王在中麗葛連續者也易水東左與子莊溪水合水北出子莊關南流逕五公城西屈逕其城南五公猶王興之五子也光武即帝位封爲五侯元才北平侯益才安喜侯顯才蒲陰侯仲才新市侯季才唐侯所謂中山之五王也 水經注

范陽五侯寺後魏有僧誦法華爲常業初死權殯隄下

後改葬骸骨並枯惟舌不壞法苑珠林

聖水東逕玉石山謂之玉石口山多珉玉燕石故以玉石名之水經注

大石嶠在縣西南四十里黃龍山下前產青白石後產白玉石小者數丈大至數十丈宮殿營建多採于此石嶠下有塘突出一泉其水甚清流灌稻田米色如玉人呼玉塘米縣志

廻城水源出良鄉縣西北玉石山東流經縣北四里又南流入范陽縣界郡國志

十度河在縣之西南曲折旋繞由十度村至石嶠店歷經十度故名卽巨馬河之上流也縣志

賈島峪在房山縣西內有石室世傳爲島所居墓在縣

南一十里明一統志

房山縣石口村有賈島庵云是島爲僧時所棲負山臨壑最爲幽勝燕山叢錄

島初祝髮于瀛州法善寺後居房山西峪峪有石菴是島故宅後舉進士授長江簿卒于蜀歸葬房山墓在縣城南十里長安客話

弘治中御史盧某訪唐詩人賈島墓得斷碑于石樓村乃闢地植碑大學士李東陽別樹一碑記焉帝京景物略

唐鄉貢進士蘇絳撰島墓銘曰君穿楊未中遽罹飛謗解褐責授遂州長江縣主簿三年秩滿遷普州司倉參軍君性和茂未嘗評人之是非不食葷血風骨

自清念持金偈眞枝至理悟浮幻之莫實信無生之可求智矣哉又善攻筆法得鍾張之奧所著文篇澹然躡陶謝之踪以會昌癸亥歲七月終于郡官舍未浹旬轉授普州司戶叅軍無子夫人劉氏承君遺旨舁以明年三月擇安岳縣移風鄉南岡權窆禮也慮陵谷遷變刊石紀時 長江集附錄

島初赴名場日以八百舉子所業悉不如巳往往獨語傍若無人或闤市高吟或長衢嘯傲韓愈與之爲布衣交贈詩曰孟郊死葬北邙山日月風雲頓覺閑天恐文章聲斷絶再生賈島向人間賈又吟病蟬之句以刺公卿公卿惡之與禮闈議奏島與平曾等風狂撓擾貢院逐出關外號爲十惡後爲僧名無本入京投蜀僧悟達

國師院中潛於鐘樓安下宣宗微行聆鐘樓有吟詠聲遂登樓於島案上取吟次詩欲看島不識帝攘臂睨帝遽於帝手奪之曰郎君何會耶帝慙赧下樓島尋追悔欲投鐘樓帝惜其才亟詔釋罪謂島曰方知卿薄命矣遂御札墨制除島爲長江主簿勅曰比者禮部奏卿風狂遂且令關外將息今郤携卷軸潛至京城遇朕微行聞卿高詠覩其志業可謂屈人是用顯我特恩賜爾墨敕宜從短簿別俟殊科可守劍南道遂州長江縣主簿仍便賫勅乘驛赴官大中八年九月七日島自長江遷普州司倉至老無子因啖牛肉得疾終於簿署後程錡評事倅岳陽日爲詩悼之因剏墓在岳陽山上岳陽普州地名山下有岳陽池 鑑誡錄

賈島字浪仙范陽人初爲浮屠名無本韓愈教其爲文去浮屠舉進士不第文宗時坐飛謗貶長江主簿會昌初以普州司倉遷司戶未受命卒 新唐書

島初赴舉在京在驢上得句引手作推敲之勢時韓退之爲京兆尹車騎方出島不覺行至第三節左右擁至尹前退之遂與並轡歸爲布衣交後累舉不第乃爲僧號無本居法乾寺一日宣宗微行至寺聞鐘樓上有吟聲遂登樓於島案上取詩卷覽之島攘臂奪之曰郎君何會此耶宣宗既去島知亟謝罪乃除遂州長江簿後遷普州司倉卒故程錡以詩悼之有騎驢衝大尹奪卷忤宣宗之句 唐遺史

賈島太和中嘗跨驢張蓋橫截天衢時秋風正厲黃葉

可掃島吟曰落葉滿長安求一聯不可得不知身之所從因衝京兆尹劉栖楚節被繫一夕釋之又嘗遇武宗于寒水精舍島尤肆慢武宗訝之曰令與一官授長江簿至普州司倉卒 摭言

韋莊奏請追贈近代人不及第者孟郊李賀皇甫松李羣玉陸龜蒙趙光遠李甘劉得仁陸逵傅錫平曾賈島劉稚珪顧邵孫沈珮顧蒙羅鄴方干諸人俱無顯遇皆有奇才麗句清詞徧在時人之口銜冤抱恨竟爲冥路之塵伏乞宣賜中書門下追贈進士及第各贈補闕拾遺 同上

長江在東蜀境內賈浪仙冢于此處 雲臺編

長江縣賈島謫爲主簿有墓在焉 方輿勝覽

賈島墓在安岳縣島遷普州司戸參軍卒塟此安岳有大雲山昔有雍州李洞避朱泚之亂入蜀隱此鑿石爲洞讀易其中嘗師事賈島云 潼川州志

新書謂島先爲浮屠後舉進士遺史謂後因不第乃爲僧摭言謂吟落葉滿長安句衝京尹劉栖楚節遺史謂得僧敲月下門句衝京尹韓退之節新書謂文宗時坐飛謗貶長江簿遺史謂奪詩卷忤宣宗除長江簿摭言又謂肆慢武宗紛紛之論不同如是今集中載大中八年墨制若是則島出仕于宣宗之時矣考蘇絳所撰墓誌則曰會昌癸亥歲終于郡官舍島旣死于武宗之世宣宗墨制疑後人所擬以附會遺史之説不然則太和誤爲大中亦未可知也 野客叢書

日下舊聞

大中墨勅九十四字舊刻石祠堂中唐書傳云文宗時坐飛謗貶長江主簿會昌初以普州司倉遷司戸參軍墓誌亦記罹飛謗解褐責授長江簿會昌癸亥終于普州官舍蘇絳當時人誌必不差摭言載武宗時譴去亦非也然則大中恐是太和字不敢輒改俟知者辨之紹興二年閏月辛卯朝議大夫提舉江州太平觀平陽王遠䟦 長江集附錄

鄭谷長江縣經賈島墓作水遶荒墳縣路斜耕人訝我久咨嗟重來兼恐無尋處落日風吹皷子花 雲臺編

李頻過長江傷賈島作忽從一宦遠流離無罪無人子細知到得長江聞杜宇想君魂魄也相隨 梨岳集

按賈島墓本在普州安岳縣移風鄉蘇絳誌普文足據何光遠亦云墓在岳陽山上岳陽普州地名則島墓在普州無疑而鄭都官又有長江縣經島墓詩祝和父亦稱島謫長江簿有墓在焉或長江與普壤地相接故爾李頻詩一官終遐徼千山隔旅墳李洞詩旅塟新墳小歸魂故國遙曹松詩已塟離燕骨難招入劍魂皆惜其遠塟于蜀明一統志乃載入房山蔣仲舒遂謂賈李于蜀歸塟房山不知何所本也

大防山在良鄉縣西北三十五里山下有石穴又有小防山與大防山相近 太平寰宇記

防山上有仙人玉堂 隋圖經

房山在涿郡西北五十里北接居庸東抵漁陽西連紫荆所謂幽燕奥室也 涿鹿記

房山本中條之麓其山峻而且澗望之明秀異常宛然如室 縣志

大防嶺山下有石穴東北洞開高廣四五丈入穴轉更崇深穴中有水耆舊傳言昔有沙門釋惠彌者好精物隱嘗篝火尋之傍水入穴三里有餘穴分爲二一穴殊小西北出不知趣詣一穴西南出入水逕五六日方還又不測窮深其水夏冷冬溫春秋有白魚出穴數日而返人有採捕食者美珍常味蓋亦丙穴嘉魚之流類也 水經注

孔水洞在大房山東北上有懸崖千尺餘下有石窟淵二丈許泉水從中湧出深不可測唐胡詹作記云有人篝火探之行五六日莫究其源但見仙鼠翥飛頻鱗時現圖書編

房山東北懸崖間有石竇如門中有積水人往往聞絲竹音有好事者乘筏秉炬而入唯見石燕飛翔頻鱗瀺灂行五六日無所抵恐炬盡而出金太和中有桃花流出其瓣徑二寸俗呼爲孔水洞燕山叢錄

房山有孔水洞淵二三丈許深不可測嘗有人秉火浮舟探之隱隱聞作樂聲懼而返金太和中忽見桃花流出又有石經洞爲隋靜琬法師鑿石刻經處以石門閉之累代皆有碑碣御山掌錄

大房東北懸崖千尺石竇如門竇內泉水沸湧好事者嘗篝火乘桴探之行五六日莫究其源長安客話

孔水洞時有白龍出輒化爲魚開元間旱每遣使投玉璧金泰和中忽桃花流出瓣如當五錢帝京景物略

頼鋭詩 石竇水拖練靈源地絕塵浪傳飛白鼠無處隱頻鱗入夏桃花盡經春荇葉新輕舠不可入豈有避秦人賜川集

雲幪山直上皆石壁下有水湧出爲孔水洞俗名水簾洞舊有龍泉寺唐大曆中建今四壁刻劃佛像更萬佛堂醜惡甚矣北游紀方

孔水洞在房山東北今譌爲雲水洞方輿紀要

按雲水洞在上方山孔水洞則是一洞非孔水

謁爲雲水也

梁貞明三年秋契丹圍幽州城中危困李嗣源閻寶李存審步騎七萬自易州北行踰大房嶺循澗而東嗣源與養子從珂將三千騎爲前鋒距幽州六十里與契丹遇契丹驚却晉兵翼而隨之契丹行山上晉兵行澗下每至谷口契丹輙邀之嗣源父子力戰乃得進至山口契丹以萬騎遮其前嗣源躍馬奮撾三入其陳斬契丹酋長一人後軍齊進契丹兵却晉兵始得出至幽州 通鑑

宋垂拱中吏部尚書宋琪上疏請復幽燕其畧曰循孤山之北淶水以西挾山而行援糧而進涉涿水並大房抵桑乾河出安禮寨此是周德威收燕之路然終宋之世卒未能復也 春明夢餘錄

韓姑砦俗呼韓繼村有香光寺寺右有唐寶積禪師塔塔後爲大悲閣萬曆二十二年賜藏經貯焉 北游紀方

由韓姑砦而西從小徑入孤山口普濟寺道傍有元應公禪師道行碑又有僧塔甚多不能遍覽也 國門近游錄

唐順之普濟寺詩宛轉雲峯合微茫鳥路通開來竹林下醉臥石房中陰磵泉先凍陽崖葉尚紅攀蘿探虎穴憇石俯鮫宮上客思留帶山僧不避驄夜深清嘯發流響入寒空 荊川集

亂塔寺近栗園村在縣東北四十里 縣志

門普濟寺西行有村名別院田中一碑勒元薛禪曲律

皇帝台二道碑未書虎兒年月日碑陰爲護持天開中院記集賢侍講學士中奉大夫魏必復撰文并書昭文館大學士榮祿大夫集賢院使廉簡題額循村又西數里爲歡喜臺 國門近游錄

魏必復天開中院碑陰記天開古名刹在房山之麓規制始于漢歷晉隋唐迄五季盛于遼廢于金季之兵至元十年歲次癸酉應公禪師始來住持次建栗園寺次建皇后臺東西兩寺次建涿州設濟寺規模莊嚴擬于天開又建中院于寺南沙河按據上游創水碾三以給衆僧日饌費至元二十七年世祖皇帝聞而嘉之特賜聖旨護持應公旣示寂遺教弟子趙顯仁住持延祐三年二月特授聖旨宗主大天開上方中院設濟等寺前後綸命顯仁鐫之琬琰延祐四年歲次丁巳秋九月

循孤山口而西峰橫澗東澗上側徑如古墻趾人行村落十二三里至下接待庵兩壁巉截中隱一罅旋折東西望一平處曰歡喜臺行二里過兜率門一里得石級以升毘盧頂庵寺百餘有藥師殿華嚴龕珠子橋又半里則上方寺矣寺左一峰高百丈峰下泉曰一斗泉峰之有名者大小摘星峰望海峰 帝京景物畧

自歡喜臺拾級而升凡九折盡三百級始達毘盧頂上有寺百二十丹碧錯落嵌入巖際蒔花種竹如江南人家 徐文長集

孤山口西行約十二三里行篋游騎寄頓下接待院歷

祐磵二里許至山門榜曰兜率禪林又里許上石梯一百餘級磵旁皆飛瀑宿痕挽鐵絙而上是爲上接待院倚壁皆僧舍又半里入上方寺左有一斗泉帖石山房十笏以奉大士下有文殊洞上普賢洞外又有雲水洞華嚴洞朝陽洞 游業

孤山普濟寺歡喜臺接待庵上方兜率院皆萬曆初太監馮保修築各有碑兜率殿後刻四十二章經置于壁筆法遒整不知倩何人書也 國門近游錄

上方寺一名兜率寺鑿石爲磴攀鐵索而上絕頂有泉如斗汩汩不窮旁有修竹千竿淸冷逼人 燕都游覽志

由兜率寺西南行過十方院其旁僧墖甚衆中一塔特高嵌有碑題曰六聘山天開寺懺悔上人墳塔記金朝

議大夫乾文閣大學士知制誥賜紫金魚袋王虛中撰布衣賈溉書文稱師諱守常族曹姓易縣新安府人禮六聘山鐵頭陀爲師住持本山三十年所度白黑四衆二十餘萬以咸雍六年遷化墖建于大安巳巳姑洗月末書涿州邵師儒鐫 國門近游錄

毘盧頂之右有一斗泉望海峰左有大小摘星陀極高峰後有雲水洞奇邃特甚至山腰則一百二十寺一一可指數 長安客話

摘星嶺在府西高入雲霄 紀纂淵海

光啓時契丹入寇幽州劉仁恭窮師踰摘星山討之唐書

曹學佺遊房山記畧出房山縣城行六十里所過村

落曰尾井曰天光曰孤山口皆與山勢爲升降人家屋上結茅葢以石過此則崇山如環幽溪如帶時時涉溪沿壁乃至山麓有一庵焉爲諸峰所覆客始休車馬結束以入亂山巉岩兩壁相距中開一線鳥道盤旋五里至石梯梯卽巨石鑿爲坎僅容半趾高數百磴左右兩鐵絙長百尺山巔下垂陟者緣之手足分任其力梯盡處有小庵可憩折而東北可一里至山門入門見諸庵縱橫稠疊處于懸崖峭壁蒙茸之內如鳥巢然獨上方寺正中如負扆以居傍有兩礀流下又東折而往嵓下有泉深三尺廣倍之面一平臺又十倍之相傳開山時有龍占此禪師叱之避盡挈其山泉以去師飛錫擊其尾留泉僅滿斗今山卽

名斗泉也山下有洞尚隔一山說者以此山空腹寺徑達洞然人必自其上行上行必徑前峰孤圓突兀形如摘星墜之甚僤陟亦可至峰半可瞰諸庵嶺亦劣平尙不見洞又下五里入洞如一城僧依洞爲窟石床茆扉爲客煑茗不得水以葫蘆繫腰至洞取水曳之出入尋縛枯藤爲炬鱗次而進第一洞猶隱隱見影二洞以內卽黯黑無光三洞是一小竇圓可三四尺深五六丈伏地匍匐束身蛇行卽僧所曳葫蘆處也入三洞倏高廣燎炬不見頂傍有一潭石蜿蜒如雙龍狀其中圓光如珠于是取水焉抵九洞無路有穴如井入者後人躡前人背丈餘復空濶但霧氣蓊塞履滑衣濕不易前進至十三洞路尙不窮云過

此無奇與盡返矣大抵中以一曲爲一洞十三洞約有六七里洞中之石玉白鏡瑩剗爲琉璃踰寸明徹其境之最著者曰蓮華山片片如青蓮瓣曰龍虎宛肖如龍虎曰長眉祖師兀坐岩畔眉修然垂曰呂純陽儼然具道者衣冠曰石塔層層筆立曰石鐘鼓叩之作鐘鼓聲此非歷三洞穿竇之苦不能得也又其最著者曰須彌山一山甚大行良久難盡曰雪山猋如積雪捫之若刺曰萬花樓山之上有重樓焉以雪爲地吐花如靈芝者數萬朵曰仙人橋跨清溪而渡曰十八羅漢爲修短欹正各狀貌曰接引幡從頂倒懸縹緲若拂此非歷九洞入井之危不能得也出洞之後依然天光迴若隔世 石倉文集

阮旻錫上方山記度盧溝循房山而西到接待亭一望皆丹崖翠壁遊者捨騎扶笻逕旋步折得稍平處爲歡喜臺前登兜率門兩峰壁立中砌石級鐵鏁高垂凡三轉至毘盧頂山中爲刹七十有二寺之古者曰兜率創自隋唐多華嚴師遺跡峰之岐處爲朝陽洞傳有白猿聽經于此洞中二泉澄泓可鑒毫髮山塢旱龍潭龍去潭枯然纖塵不入峰最尊者爲齋星陀華嚴于此齋星曰摘星訛耳僧巢其巔下如飛鳥然 燕山紀游

甘池在孫家岡北石將軍廟前泉凡七孔平地趵突流爲長溝土人言廟下穴中有一目魚長可四寸每於清明日出穴戲游見者以占豐稔 北游紀方

孤山口東八里有東南西北甘池四村亦謂之長溝谷西村之北水從石壁出凡七竇羅注為池上有河北將軍廟既無碑記不知為何神也土人言池中生魚止一目而涿州相近有水生魚重脣其味皆絕美然不多得水從石橋過橋下荇帶冬月青翠可翫按酈善長注水經有甘泉水出良鄉西山東南逕西鄉城西而南注疑即是水也村東北行數里為皇后臺黑龍潭其北即六聘山山有天開寺寺中有元碑三其一從仕郎翰林國史院典簿順聖魏必復撰并書至元二十八年立末書福珪撰并書後至元三年四月立其一石經山雲居寺石局副使李文秀鐫其一香山永安寺住持沙門惠川住持沙門西源洪注撰并書至正十二年立又有陀羅尼石幢字多磨泐無歲月可考 國門近游錄

僧福珪六聘山天開寺重建碑記畧國門之西兩舍之地有山曰六聘中有伽藍曰天開燕易間一鉅剎也自後漢迄有唐經五代歷遼金廢興難具載云天開者以寺前山谷天然開闢也 吉金貞石志

六聘山在房山縣西三十里 明一統志

涿州永泰軍有大房山六聘山涿水樓桑河橫溝河禮遜河祁溝河 遼史

大房山南晉霍原隱處 名勝志

淶水北逕小鬻東又東逕大鬻東昔霍原教授處也徐廣云原隱居廣陽山教授數千人為王浚所召雖千古世懸猶表二鬻之稱既無碑頌竟不知定誰居也 水經

霍原字休明燕國廣陽人元康末與王褒等俱以賢良徵累下州郡以禮發遣皆不到後王浚稱制謀僭使人問之原不答浚心銜之時有謠曰天子在何許近在豆田中浚以豆爲霍收原斬之懸其首諸生悲哭夜竊尸共埋殯之 晉書

許猛爲幽州刺史素服霍原之名將詣之主簿當亘諫不可出界猛歎恨而止原山居積年門徒百數燕王月致羊酒 冊府元龜

盧道將爲燕郡太守下車表樂毅霍原之墓而爲之立祠 魏書

按六聘山見于遼史見於寰宇通志及明一統志近時士子多守廣輿記爲兎園冊例去不載人遂畧焉不考康熙癸丑予登上方山見兜率寺南十方院東有金大安中懺悔上人墳塔後十四年復遊上方於孤山口西麥田中見有元延祐間所樹碑則集賢學士魏必復所撰稱此地爲六聘山天開寺下中院又於甘池村北數里訪天開寺俞存蓋當日寺僧營業其地甚廣天開乃其下院孤山則下中院兜率爲上方而總名之曰六聘山天開寺六聘之義地志不詳疑卽霍原教授之地舍原之外無人足以當之矣

甘池村東北十五里村曰尨井過村有小庵中有元時

石幢字多磨泐去庵百步有僧塔七其一大書榮祿大夫守司徒侍中宗主其大師靈塔字其餘六塔皆有銘棘荊繞之字小不能讀也塔旁有石幢二又有石鐘一鐘上亦有銘乃至元中物 國門近游錄

一堵墻山在縣西南四十里石壁巉峭高三百餘尋長五百步儼若版築其下可容數百家 縣志

紅螺山在縣西南四十里即幽嵐山山勢峻嶒諸峰羅列如劍戟古刹存焉 涿州志

紅螺嶮在上方山東三十里循九龍峪度入寨嶺入桃葉口為下嶮過龍潭水有洞曰紅螺為中嶮復上半里其右松棚庵再右觀音洞為上嶮出嶮有嘉遯庵嶮舊名幽嵐一曰寶金山 帝京景物畧

桃葉口俗呼黃山店 燕都游覽志

般州山在縣西南四十里上有般州山寨 方輿紀要

山有二寨石室環列 涿州志

磨碉寺在縣西南四十五里 同上

獨樹村在縣西南五十里 縣志

房山縣西南五十里有舜廟 涿州志

逢陽宮在縣西南五十里 同上

白雲窩在縣西南五十里又五里斑竹寨有白雲寺 縣志

白帶山在范陽縣北四十里 太平寰宇記

般州山西南十里為石經山山之東為石經洞 方輿紀要

出獨樹村四里兩山對峙外臨內豁小溪中出石參差如犬牙水觸石流潺潺有聲沿溪行十里有巨石數十橫布水中躡以渡登平岡以望峰巒不可勝數中一山若火燄而草樹獨盛詢知為白帶山小西天之徑在焉迤邐至山麓壁立似不可登徐望之有磴道直上及山半有石室曰義飯廳唐乾符中僧藏貢所建折而東鑿石為道廣不滿尺橫于山腹者一里折而北條石為階凡九十九級級盡行百步復有階如前級差少折而南有石堂東向方廣五丈曰石經堂堂有几案鑪缾之屬皆以石為之下以石甃地使平壁皆嵌以石刻佛經字類趙松雪中四石柱柱上各雕佛像數百飾以金碧堂之前石扉八可以啓閉外有露臺三面以石為闌設石

几石床以為游人憩息禪房庖湢皆因巖為之堂左石洞二右石洞三復有二洞在堂之下石經版分貯其中始隋沙門靜琬其徒道公等續之至遼統和金明昌間墖刻前後納洞中石凡七百餘條有石幢記其目每洞以石為牕櫺用鐵固之石本之近牕者可以闚見其左洞有靜琬貞觀八年碑記嵌于門上洞北有石池石井池廣七尺而深半之井北有泉自竇中出涓涓不絕又有石龍王像民禱雨則祀之古木蒼藤樛錯陰翳由泉竇之南緣小徑盤屈至山頂有五石臺臺上皆有白石小浮圖其南二乃唐金仙公主所建餘無題識不可攷頂有巨石後廣前銳平出于虛空者數尺名曝經臺下至堂中左右見有碑十餘其高大者則唐元和四年幽

州節度使劉濟所建西偏下五里許有雲居寺亦静琬所瓶墀中列唐人建石浮屠四皆勒碑其上其一開元十年助教梁高堂書其一開元十五年太原王大悅書其建于景雲二年者則甯思道所書太極元年建者則王利貞書也寺僧言後院中石刻猶多在榛莽中或立或仆多唐時所刻 雙崖集

從孤山口支徑之小西天小西天者即石經寺也寺在絕頂天然成洞洞藏石經其東西兩峪俱有寺若張翼然由寺至頂尚五里而逶無不因山爲徑矣山腰有亭又有石井上之爲洞者二又上之爲洞者二其東爲小洞者一祠火龍有泉濡縷出西折而上又爲洞者一再西爲大洞一即石經堂也形方如矩平視如幔頂中奉

金身如來修丈餘跣而端立足踏石板下藏玉匣金瓶貯舍利三顆東北壁上嵌法華石經一部西壁爲雜編有白石柱以塈四隅若撐其頂洞之底復有二洞不可測識總之七洞皆藏石經也石經板約方三四尺層累相承自北齊至隋有沙門静琬發願刻十二部經藏之此山後其徒續成之歷唐宋遼金功始成其半焉 石倉文集

石經山峰巒秀拔儼若天竺因謂之小西天寺在雲表僅通鳥道曰雲居寺迤南三里有石級長里許級盡東折爲雷音殿四壁鐫梵語悉隋唐人所書復有洞七即知苑藏石刻處也 長安客話

幽州沙門知苑精練有學識隋大業中於幽州西山鑿

巖爲石室摩四壁以寫經又取方石別更摩寫藏諸室內每一室滿即以石塞門鎔鐵固之時煬帝幸涿郡內史侍郎蕭瑀皇后弟也性篤信佛法以其事白后后施絹千匹瑀施絹五百匹朝野聞之爭共捨施故苑得成功苑常以役匠既多道路奔湊欲於巖前造木佛堂并食堂寢而念木瓦難辦忽一夜暴雷震電明旦既晴見山下有大木松栢數千爲水漂積于道次道俗驚駭不知來處苑乃使匠擇取其木餘分邑里邑里喜悅助造堂宇頃之畢成苑所造石經已滿七室以貞觀十三年卒弟子繼其功焉 冥報記

智泉寺僧靜琬見白帶山有石室遂發心書經十二部刊石爲碑 隋圖經

石經貯于巖洞者七地穴者二洞以石門閉之穴以浮圖鎮之自隋唐迄元碑碣森列洪武二十一年正月道衍奉命往觀賦詩鐫于華巖堂之壁雖未足彰琬師之幽光庶以紀茲行之歲月而托不朽也 逃虛子集

房山縣西南四十里有山曰白帶山生𦰏題草又曰𦰏題山藏石經者千年矣故曰石經山亦曰小西天云北齊南嶽慧思大師慮東土藏教有毀滅時發願刻石藏閟封岩壑中坐下靜琬法師承師付囑自隋大業迄唐貞觀大涅槃經成其夜山吼生香樹三十餘本六月水浮大木千株至山下構雲居寺焉唐玄宗第八妹金仙公主修之洪武二十六年又修之正統九年又修之山上雷音洞高丈餘四壁刻經四柱刻像前石有扉維以

開閉几案瓶鑪皆石臺有欄楯與堂亘堂左洞二右洞三堂下洞二皆經唐迄元代有續刻經目列石幢人傳洞火龍所穿也山下左右東峪寺西峪寺西峪寺後香樹林香樹生處也夢堂庵唐夢堂師居處也林後琬公塔也萬曆壬辰達觀和尚覩像設衰頹石版殘蝕率僧芟除啟洞拜石經石下有穴藏石函一尺上刻大隋大業十二年歲次丙子四月丁卯朔八日甲子於此函內安置佛舍利三粒願住持永劫三十六字發視得小金瓶舍利狀黍米色紫紅師聞于慈聖太后迎入供養函瓶以玉外函復之安置故處僧憨山撰雷音窟舍利記刻之石山多石碑二隋碑一仁壽元年王臣暕碑一仁壽元年王邵碑五唐碑一開元十年梁高望碑一開元

十五年王大悅碑一元和四年劉濟碑一景雲二年甯思道碑一太極元年王利貞碑二遼碑一趙尊仁碑一天慶八年沙門志才碑二元碑一至正元年賈志道碑一至正二年釋法稹碑山半有庵曰半山庵 帝京景物畧

按漢書地理志清河郡有⿱山心題縣顏師古注

⿱山心古莎字

姚廣孝題石經山詩峩峩石經山連峰吐金碧秀氣鍾⿱山心題勝槩擬西域竺墳五千卷華言百師譯琬公懼變滅鋟筆寫蒼石片片青瑤光字字太古色功非一代就用藉萬人力流傳鄙簡編堅固陋板刻深由地穴藏高從岩洞積初疑神鬼工迺著造化迹延洪

勝汲冢防虞猶孔壁不畏野火燎詎愁苔蘚蝕茲山既無盡是法寧有極如何大業間得此至人出幽明獲爾刊乾坤配其德大哉洪法心吾徒可爲則逃虛子集

薛蕙詩翠巘雙林合丹梯一徑懸洞門窺地底石室與天連文字開龍藏金銀布梵筵茲山實靈異吾欲托栖禪西原集

蔣山卿詩金莛初布地玉宇舊藏經石室青霞護松門白日扃洞衡多宿霧巖俯四垂星未厭探奇意虛疑入窅冥南泠集

張循占登小西天石經寺作摩圍西望渺塵沙天竺重開帝梵家十里雲盤蒼石磴千峰露濕白蓮花山懸寶象秋宜月洞鎖靈文夜有霞聞說叢林堪卓錫願從初地轉三車嘉樹齋集

幽州石浮圖銘寗思道書景雲二年四月立又石浮圖頌王利貞文太極元年四月立金石文字記

王利貞易州石亭府左果毅都尉薊縣田義起石浮圖頌詳夫釋氏大慈能仁廣運一揮惠劍則結嶽峰摧甓駕寶船則流海波息若迺豐牛步坦香象登津福祉夙昭解行先備非功德修淨其有與于此乎浮圖主石亭府果毅田公者孝乎惟孝忠爲令德秉武腰文遊仁蹊義富潤石室貨積銅山保性里閈榮足知止尊崇法門福求無上奉爲七代先亡見存太夫人合家大小敬造石浮圖七級釋迦像二菩薩神王

等一鋪爾其索寶幽谷獲琰崇巖與濟北之神期匪河西之馬瑞歘焉構迴不日而成狀雀離之從天猶多寶之涌地虬簷霧舉寶鐸風吟睟容如在神儀儼若炅朝日以舒鑒爍幽宵以放光與惠日而長懸同定水之無竭贊歎功德而述頌云惟佛與佛法所皆空能仁富智廣度多功有淸信士產積豐崇檀波羅密琁琰雕礱輪高擢露鐸迴吟風睟穆如在與天地終福需一切於何不隆和州歷陽丞王利貞文弟燕州大雲寺僧智崇妹明度寺尼護念弟義冲陪戎副尉上柱國弟義隆昭武校尉上柱國雍州與國府右果毅都尉合家供養 吉金貞石志

按包咸論語注孝乎惟孝美大孝之辭今碑文亦同此讀

雲居寺石浮屠銘梁高塈書開元十年四月立 金石文字記

梁高塈易州新安府折衝李公石浮屠之銘夫至道潛運不言而化成大象孕靈不宰之功遂斯則神元妙頤雖日用而莫知況耳目不該豈視聽之能識由是給園多士並赴緇林方丈比丘咸歸柰苑有想非想住法非常樂之宗色空即空生滅豈菩提之果于是淸信士易州新安府折衝都尉李文安遊心正覺妙達苦空知勞生之有涯設津梁于彼岸迺于范陽縣西雲居寺爲亡妻河東郡君薛氏敬造石浮圖一所旁求琁琰彤岫爲之獻琛遠召良工班輸以之呈

巧盤螭隱伏與雲峰而相交靈鳳將翔共陽烏而竝翼飛空七級狀多寶之移來騰虛四迴疑衆仙之涌出兼以山含萬象地藴靈奇蓮沼澄光似猴池之浴日松枝引籟若祇樹之吟風衆妙難名約敷厥美冀同拂石萬刼茲山銘曰麗哉弘璧出矣崑山磨礱不日神儀婉然亭亭淨域巍巍給園光浮十界色照三天衆妙功德莫惟斯重鏤鳳傍矯雕龍上聳買地有巢福田無種利益潛通存殁偕奉易州府遂城縣書助教梁高望書開元十年四月八日 吉金貞石志

寺門右石浮屠銘太原王大悅撰并書立于開元十五年二月 燕都游覽志

王大悅石浮圖銘序畧建浮屠于門右者鄭氏字元

泰范陽人木易燼滅土亦塵散惟石之永瞻其有恒緊法之堅念茲無替銘曰高塔巍巍示延遐矚多生攘攘動善群觸茲設茲利無礙無疆其福豐衍其資廣長彼石惟堅我性亦定永永不滅視以知正 吉金貞石志

山頂石浮圖後記王守泰行書開元二十八年四月立 金石文字記

王守泰記山頂石浮圖後大唐開元十八年金仙長公主爲奏聖上賜大唐新舊譯經四千餘卷充幽府范陽縣爲石經本又奏范陽縣東南五十里上垡村趙襄子淀中麥田莊并果園一所及環山林麓東接房南嶺南逼他山西止白帶山口北限大山分水界

並永充供給山門所用又委禪師元法歲歲通轉一切上延寶曆永福慈王下引懷生同攀覺樹粤開元二十八年庚辰歲朱明八日前莫州吏部常選王守泰記送經京崇福寺沙門智昇檢校送經臨壇大德沙門秀璋都檢校禪師沙門元法 吉金貞石志

涿鹿山石經堂記唐節度使劉濟撰元和四年立 燕都游覽志

碑後有節度押衙銀青光祿大夫檢校國子祭酒兼監察御史上柱國姚可矩弟攝歸順州叅軍可恭盧龍節度駈使官可質咸通十三年四月題名 國門近游錄

劉濟涿鹿山石經堂記我唐十有一葉皇帝繼明昭宣光被四海神人以和逮今巳丑歲凡五祀矣方隅守臣樂其休明天地大德罔知攸報濟封內山川有涿鹿山石經者始自北齊至隋沙門靜琬睹層封雲跡因發願造十二部石經至國朝貞觀五年涅槃經成其夜山吼三聲生香樹三十餘本其年六月瀑水浮大木數千株于山下遂構成雲居寺焉旣而玄宗開元聖文神武皇帝第八妹金仙長公主特加崇飾遐爾之人增之如蟻術焉有爲之功莫此而大濟遂以奉錢爲聖上刻造大般若經以今年四月功就親與道俗齊會石經峰下飾等香積而法雲靄空會同華嚴而花雨滿地金篆玉版燦如龍宮神光曜日宇宙金色於是一口作念萬人齊力岩壑動鸞鳳翔或推之或挽之以躋于上方緘于石室必使刼火燒而

彌固桑田變而不易或資聖壽壽願比于崇山織于石經經願延于沙界鴻祚景福聖壽無疆幕府衆君子同稱讚之時元和四年四月八日記 吉金貞石志

唐雲居寺主律大德神道碑銘濬江樓夷子何籌撰盧龍節度驅使官張景琮書并篆額咸通八年丁亥歲十一月四日建 國門近游錄

何籌律大德道行碑略大德諱眞姓涿郡范陽人元和中廉察使相國彭城劉公慕其高行亟請臨壇暨太和九祀方伯司徒史公之領戎也益傾南望之誠兼陳北巷之敬奇香異藥上服名衣使命往來難可稱計以其年季秋示寂於本寺東院上足仲說恒智鑒直惠增志千文展寶定等七人咸師之教焚棺於碧岫之陽起塔於清流之左議刻貞珉紀其盛德俄屬先朝大興沙汰寺皆毀廢僧遁林岩泊佛法重興屢更星歲七人之內惟寶定存乃與寺主僧弘信再議崇立焉 吉金貞石志

按碑稱廉察使相國彭城劉公者節度使濟也其曰方伯司徒史公者留後元忠也

王正燕山雲居寺碑雲居寺東一里有高峰峰之上十餘步有九室室之內有經四百二十萬言本自靜琬始厥謀歷道暹諸公成其事佛宇經厨僧坊鐘閣材惟杞梓砌則琳珉古檜星羅流水環遶[illegible]堤相望門闥洞開風俗以四月八日共慶佛生凡水之濱山之下不遠百里預饋供糧號為義食先是庚午年寺

主謙諷和尙爲門徒時僕自皇后臺披褐來遊論難數宵以道相得自茲一別僕以職倅于瀛掌記于武定廉察于奉聖陟在憲臺遷在諫署佐兹邦計迨今十五年復會于兹寺和尙建庫堂一座五間六架厨房一座五間五架轉輪佛殿一座五間六架暖廳一座五間五架又化助前燕王侍中蘭陵公建講堂一座五間七架又化助公主建碑樓一座五間六架并諸腰座次建飯廊一十三間四架次又建東庫四間五架次建梵網經廊房八間四架次蓋後門屋一座餘有拾短從長加朱施粉周而復始不可殫論乙丑歲天順皇帝御宇之十五載丞相秦王兢燕之四年泰階平格擇明八風草偃四海鏡清和尙慶此得時

懇求作記僕以謙諷等同德經營協力唱和結一千人之社一千人之心春不妨耕秋不廢穫立其信導其教無貧富後先無貴賤老少施有定例納有常期貯于庫司補兹寺缺寺不壞于平地經不墜于東峰稽首靈巖載銘貞石鹽鐵判官朝議郎行右補闕賜緋魚袋王正述前鄉貢進士鄭熙書

沙門智光重修雲居寺記應曆十四載寺主謙諷完葺一寺結邑千人請右補闕瑯琊王公正作碑頭因兵火遂至傷缺補闕子諸行宮都部署判官都官員外郎賜紫金魚袋教念先人遺跡出俸錢再修以釋智光乃考之執友也故命刊述勒之時睿德神畧應運啓化承天皇太后至德廣孝昭聖皇帝御極之二

十三年統和乙巳歲八月丁丑朔十一日丁亥記

按王正智光二記共勒一碑碑額篆書重修雲居寺一千人邑會之碑一稱結一千人之社一千人之心一稱完葺一寺結邑千人近年京城發地得仙露寺石函記後有千人邑三字尼日邑頭尼覽者疑是地名合此碑觀之則知千人邑者社會之名爾天順皇帝者遼穆宗尊號丞相秦王者重元爲南京留守也遼史聖宗初即位羣臣上尊號曰昭聖皇帝統和元年六月上尊號曰天輔皇帝五年四月上尊號曰至德廣孝昭聖天輔皇帝二

十四年十月上尊號曰至德廣孝昭聖天輔皇帝今碑建於二十三年尊號無天輔字是則二十四年十月以前聖宗尊號但云至德廣孝昭聖皇帝如碑所記至二十四年乃合元年尊號天輔字以稱之否則二十四年所上之號與五年無異何用羣臣復上乎竊疑史有誤也

沙門志才涿鹿山雲居寺續秘藏石經塔記曰古之碑者用木爲之乃塟祭饗聘之際所植一大木而字從石者取其堅久也秦漢已降凡有功德政事亦碑之欲圖不朽易之以石雖失其本從來所尚不可廢焉浮圖經教來自西國梵文貝葉此譯華言盡書竹

帛或邪見而毀滅或兵火而焚爇或時久而蠹爛孰更印土求諸與有隋沙門靜琬深慮此事厲志發願於大業年中至涿鹿山以大藏經刻于貞珉藏諸山竇大願不終而奄化門人道公儀公暹公法公師資相踵五代造經亦未滿師願至遼劉公法師奏聞聖宗皇帝賜普渡壇利錢續造次興宗皇帝賜錢又造相國楊公遵勗梁公穎奏道宗皇帝賜錢造經四十七帙通前上石共計一百八十七帙已厝東峯七石室內見今大藏仍未及半有通理大師緇林拔秀名實俱高教風一扇草偃八紘其德餘業具載寶峯本寺遺行碑中師於茲山寓宿有續造念興無緣慈為不請友至大安九年正月一日遂於茲寺放開戒壇士庶道俗入山受戒巨以數知方盡暮春始得終罷所獲錢施乃萬鏹付門人右街僧錄通慧圓照大師善定校勘刻石石類印板背面俱用鐫經兩紙至大安年錢已盡功且止碑四千八十片經四十四帙題名目錄刻如左未知後代誰更繼之又有門人講經沙門善銳念先遺風不能續扇經碑未藏或有殘壞與定師共議募功至天慶七年於寺內西南隅穿地為穴道宗皇帝所辦石經大碑一百八十片通理大師所辦石經小碑四千八十片皆藏瘞地穴之內上築臺砌磚建塔一座刻文標記石經所在

釋德清涿州石經山雷音窟舍利記有明萬曆二十年壬辰歲四月庚寅朔十有五日甲辰達觀可禪師

自五臺來送龍子歸潭柘聖母慈聖宣文明肅太后聞之遣近臣陳儒趙斌等送齋供資五月十二日辛未携侍者道開沿厲如奇如印等至石經山雷音窟窟內有大業中靜琬石刻經所師見窟中像設擁蔽石經薄蝕因命東雲居寺住持明亮芟刈之是日光燭巖壑風雷動地翌日啓洞中拜石石下有穴穴藏石函縱橫一尺面刻大隋大業十二年歲次丙子四月丁卯朔八日甲子於此函內安置佛舍利三粒願住持永劫計三十六字貯靈骨四五升狀如石髓異香馥郁有銀函方寸許中盛小金函半寸許中貯小金瓶如胡豆粒中安佛舍利三顆如粟米紫紅色如金剛開侍者請至師所師歡喜禮贊既而走書付趙

賫以白內奏事徐上聞聖母皇太后太后欣然齋宿三日六月朔巳丑迎入慈寧宮供養三日乃于小金函外加一玉函玉函外復加小金函方一寸許坐銀函內以爲莊嚴出帑銀五十兩仍造大石函總包藏之於八月二十日丁未復安置石穴命沙門德清記其事 憨山文錄

萬曆中香樹庵以浮糧苦累日就淪落幾爲勢家所没慈聖皇后發帑金贖之而黃太史輝王太史肯堂復捐奉錢相助遂復舊觀 燕都遊覽志

東峪西峪兩寺石經洞之左右翼也 同上

東峪寺門白楊成林風氣慘裂北臺如蓮花在水中央東臺亦奇特臺上石浮圖唐金仙公主所建五臺之外

環以巨嶂其石紋或類雨點或類卷雲 瀟碧堂集

從南臺而下山麓間有寺曰西峪寺東溪水濶可五丈聲潺潺若風雨驟至五臺僧皆穴處遊人不可留多憩此寺 長安客話

杖引泉在縣西南六十里泉水湧出滙而成溪流經涿州東頭入胡良河 方輿紀要

白犬村在縣西南七十里 縣志

文靖書院在房山縣西南七十里抱玉里元里人總管趙密宣德府教授賈壤嘗從容城劉因游歸以其學教鄉人乃建書院立祠祀之因以見其學之所從來元賜額曰文靖書院國子祭酒蘇天爵爲記 寰宇通志

羊耳峪一名紅羊峪在縣西北十二里有大石高二丈

其形似象名象石 縣志

金諸帝陵在縣西北二十里雲峰山下 涿州志

金海陵煬王貞元三年三月乙卯命以大房山雲峰寺爲山陵建行宮其麓五月乙卯命判大宗正事京等如上京奉遷太祖太宗梓宮丙寅如大房山營山陵六月乙未命左丞相僕散思恭大宗正丞胡拔魯如上京奉遷山陵七月辛酉如大房山八月壬午如大房山甲申啓土賜役夫人絹一匹閏月巳未如大房山丁卯上親迎梓宮于沙流河親射麞以薦十月戊寅奠梓宮于東郊巳卯梓宮至中都丁酉大房山行宮成名曰磐寧十一月乙巳朔梓宮發丕承殿戊申山陵禮成 金史海陵紀

正隆元年二月庚子謁山陵七月己酉命太保昂如上京奉遷始祖以下梓宮八月丁丑如大房山行視山陵十月乙酉葬始祖以下十帝于大房山閏月己亥朔山陵禮成 同上

世宗大定二十一年勅封山陵地大房山神爲保陵公冊曰古之建邦設都必有名山大川以爲形勝我國家既定鼎于燕西顧郊圻巍然大房秀拔渾厚雲雨之所出萬民之所瞻祖宗陵寢於是焉依仰惟岳鎮古有秩序皆載祀典矧茲大房禮可闕歟其爵號服章俾列于侯伯之上庶足以稱今遣官備物冊命神爲保陵公申勅有司歲時奉祀其封域之內禁無得樵采弋獵著爲令 金史禮志

大定二十九年置萬寧縣以奉山陵明昌二年更奉先縣 金史

太祖葬睿陵太宗葬恭陵熙宗被弒葬于皇后裴滿氏墓中貞元三年改葬于大房山蓼香殿大定初追上謚號陵曰思陵二十八年改葬于峨眉谷仍號思陵海陵煬王葬于大房山鹿門谷諸王兆域中大定二十年降爲庶人改葬于山陵西南四十里睿宗於大定二年改葬于大房山曰景陵顯宗於大定二十五年十一月葬大房山章宗卽位號曰裕陵世宗葬興陵章宗葬道陵 同上

國初祖宗葬于護國林之東逮海陵徙燕令司天臺卜地得良鄉縣西五十里大洪谷曰龍城寺峰巒秀出林

木隱映遂築陵遷葬于是惟熙宗葬于山陰 大金國志

儲巘大房金源諸陵詩奉先西下亂山侵澗道迴旋入暮林翁仲半存行殿跡苺苔盡蝕古碑陰秋山春水風烟換大定明昌德澤深卻是宣和解亡國穹廬黃屋恐非心又長白山高朔漠連金源風致故依然千秋魂魄猶思沛萬里丘陵卻到燕感事重翻江統疏傷心莫問靖康年幽蘭一燼雄圖歇汝水悠悠入墓田 柴墟集

瑞雲宮在金太祖陵側遺址僅存 涿州志

公村在縣北三十里廣陽水所出經廣陽故城與鹽溝水合入桑乾河有胡良河自縣北來注之 名勝志

黃山去縣三十里上有玉室洞天 寰宇通志

黃山店口在縣北三十里又西六十里曰大谷又三十里即涞水縣北之乾河口也 方輿紀要

玉室洞天在縣西北七十里中有獨橋十八灘 縣志

穀積山在縣西北五十里峰巒突起如積穀然下有三石洞名曰三學中可容千人 方輿紀要

六山河自黑龍關來東南入琉璃河上有半壁山壁立千仞石罅古栢蒙茸然長不滿二尺其西山半一小竇曰闢穀洞峭絕不可上北爲背陰洞對山望其東有正覺洞 北游紀方

朝陽洞有二形如連珠相隔約十尋俱疊石作坡蹬以短垣山勢甚峻從山腹轉而上洞西有巖曰朝陽巖石壁迤百仞橫亘里許巖麓溪水色綠如鴨頭產魚極美

同上

車營嶺小岡疊阜起復連綿居民以種杏爲業環十數里峯頭澗底皆是杏林又東一小嶺有杏約三百株樹尤奇古高者三丈低者丈餘狀如垂柳繁花綴之亦杏林之變態也 同上

連泉山山巔有泉相連在縣西北三十里 涿州志

白水寺俗名大佛寺在縣西北十二里上元遊人甚衆 縣志

防水出良鄉縣西北大防山南東南流逕牟頭阜下俗謂之牟頭溪 同上

大安山龍泉河出焉 名勝志

范陽盧文進少從軍身長八尺姿貌偉異名震燕薊與莊宗屢戰獲勝一夕忽敗夜走馬墜澗中才及水一躍而出明日視之乃郡之黑龍潭絶岸高險深不可測文進知有神助巳氣復振 玉壺清話

黑龍潭在縣北五十里元至正中京師大旱遺留守都事薩理彌實禱之大雨霑足 涿州志

歐陽原功撰黑龍潭廟碑房山之大安山山之上有龍湫深不見底以勢度之下徹山趾世相傳有黑龍君居之至正十年歲庚寅夏五月至六月不雨銀靑榮祿大夫中書平章政事槊公奉詔留鎭京師召京尹縣令等官徧走羣望又率僚屬詣在京名寺觀咸禱焉雨不至平章公憂之歸家露香禱於庭左右曰房山有黑龍潭禱雨輙應盍往叩之公遺留守司

都事薩理彌寔奉香幣行仍戒有司遣价貳玉虛宮十一代眞人張公門徒明道洞微大師畢輔貞偕往既至輔貴等瀝平章公閔雨之誠於龍明日龍見靈異觀者喜曰雨之徵也既而大雷電以雨圻甸方數百里皆霑足槁苗盡起及秋五穀胥熟於是父老以龍君未有祠請作新廟以彰神庥輔貴願募衆財馮潭依山壘石築壇高二丈許廣可二百餘步因壇爲廟中作正殿三間東西屋如之外爲神門設闌楯臨潭上中塑龍神像服飾如貴者儀旁列雷雨部諸神次及祀神之庖守祠之舍內外皆作經始於十年之秋落成於十二年之冬費楮幣五萬三千緡有奇十四年夏六月京師又踰月不雨公復遣理彌寔如前

將行致公之意以廟記屬某時某感暑下利連日病不能與聞命強起而默禱曰龍君卽致甘澍以時菑當力疾以償諸責十三日壬寅往禱丙午大雨巳酉又大雨自是雨大集是歲有秋都人每雨見風雲雷電皆起西南自房山來知爲龍君所致薩理實竣事還以喜雨告某疾亦稍甦乃記之曰天有三垣帝座所在諸星環之國有京城天子所居百神衞之房山密邇燕都多深山修谷實生神龍疏附奔奏居百神之先理之必然也且京師天下之本盛夏兼旬不雨舟漕不能物賈日翔四方輻輳者憂之又旬日不雨饑饉疾疫將作居民憂之鬭訟盜賊滋蕃朝廷有司憂之一雨而百姓四方安故房山之龍能雨京師有

功於國甚大禮記祭法曰山林川谷丘陵能出雲爲風雨見怪物皆曰神有天下者祭百神諸侯在其地則祭之新廟之作於祭法爲宜或曰社壝而不宇今廟焉以居龍何曰地載神氣神氣風霆風霆流形庶物露生社欲其露處以受生氣也龍者天之生氣能爲膏澤以生萬物者也其質爲陽陽動必靜靜必伏藏宇以棲神固宜又曰肖龍像以人何曰龍有變化不測之神人而爲龍龍而爲人古今多有之異時褒崇之典請於大廷議於奉常爲侯爲公衣冠牲幣祀號祭式必視人爵廟也像也揆之事理皆宜平章公蒙古怯烈氏國初以來元勲世臣之胄其父祖子孫羣從昆弟丞相御史大夫接踵不絶於朝故其體國也切其愛民也深其禱神也能竭其誠乃作迎享送神詩俾工歌其辭以祀并刻之石辭曰龍胡爲兮山之盩風氣固密兮岡巒凋繆龍奉命兮宅阻幽扈帝室兮拱神州神州兮盛夏不雨相臣兮奉牲酹牲肥兮酹香龍來歆兮不遑處大振雷兮從懸寘雲飛繳兮雨建瓴雨優渥兮年穀熟年穀熟兮神州足神州足兮萬邦福龍盤桓兮此有屋龍欻起兮安之乘靈和兮薄希懿風雨旗兮絶天河滃懸雲兮揚素波帝曰勞女兮復女居新廟翼翼兮山盤紆房之山兮雨之府鼓坎坎兮巫屢舞澤我民兮萬萬古國有秋兮食兹土 圭齋集

宣德十年五月天久不雨房山民言縣北七十里有龍

潭歷宋元以來禱雨輙應上命遣官祭之實錄

李濂房山詩陰雲㶉㶉黑龍灣瑤草丹崖不可攀越客漫誇天姥勝漁陽還有大房山　嵩渚集

大安山在縣北八十里山高險峭居正曰大安幽州西名山也　方輿紀要

劉仁恭倚燕强且遠無所憚意自滿從方士王若訥學長年築館大安山掠子女充之又招浮屠與講法以堇土爲錢歛眞錢穴山藏之殺匠滅口禁南方茶自擷山爲茶號山曰大恩以邀利　唐書

仁恭幸世多故驕于富貴築宮大安山選燕美女充其中又與道士鍊丹藥冀可不死令燕人用墐土爲錢悉歛銅錢鑿山而藏之已而殺其工以滅口後人皆莫知其處　五代史

仁恭慮幽州城不固築館于大安山曰此山四面懸絶可以少制衆其棟宇莊麗擬于帝者　通鑑

仁恭有愛妾羅氏其子守光烝之仁恭怒笞守光逐之梁開平元年遣李思安攻仁恭仁恭在大安山守光自外將兵以入擊走思安乃自稱盧龍節度使遣李小喜元行欽以兵攻大安山執仁恭而幽之　五代史

統和十四年三月鑿大安山取劉守光所藏錢散諸五計司　遼史

竒羅陀在房山縣境東有萬壽寺俗呼天台寺相傳寺有老僧日誦佛萬聲以豆記其數久之每誦一聲豆輙自躍過人目爲豆兒佛是時陳皇后浴于宮中澡豆忽

躍心悸有言及豆兒佛者廼出金錢建寺焉析津日記

公翫竹羅陀詩一岡中斷水分流茅屋乘岩萬樹幽分轉桃花堪問訊莫教容易放漁舟問次齋稿

張庸溫州人精太乙數順帝喜之擢秘書少監皇太子立大撫軍院命庸團結房山諸寨既降庸守駱駝谷泉潰肅無去志寨民李世傑執庸出降不屈被殺元史

龍門臺去縣二百里上曰玉河臺四面皆山其下深澗莫測南有龍王祠寰宇通志

日下舊聞卷三十終

日下舊聞卷三十補遺

京畿六

嘉靖三十六年修復殿工命侍郎張舜臣主事李鏜于大石窩采石 冬官紀事

霍原少有志力叔父坐法當死原入訟獄代之楚毒備加終免叔父年十八觀大學行禮因留學焉貴游子弟聞而重之初原以賢良徵累下州郡以遺皆不到也 王隱晉書

劉因詩西山霍原宅古跡猶可稽重吟豆田謠愁雲落崩崖知幾在明哲何事紲塵羈君觀括囊戒無盈庶無衢 靜修集

北岩雙厓峭立澗流其中老樹千章瀑泉三疊注爲龍

潭一禪宮一道院臨厓相望觀中有無名子題壁詩云壁色壓潭黑林光漏日明傳聞老龍臥不敢濯吾纓不知何年人作也 奧室記

自上方山麓折而西至北岩雙厓如門琳宮梵舍對峙左右老樹欹斜交蔭澗谷寒葉盈尺人行蔌蔌有聲流泉三疊鳴空山中注而爲池土人戒勿濯手濯則龍怒雷電且至 竹垞文類

金主亮離燕京詣諸陵祭享其俗相傳謂之燒飯天海陵集

淳熙十五年十二月癸酉諜報金人制曰朕惟熙宗孝成皇帝以武元嫡孫受文烈顧命作其即位十有五年偃兵息民中外安乂而海陵庶人亮包藏禍心覬覦神

嚚陰娟姦黨遂成篡逆而又厚加誣詆降從王封亮既得志肆其凶殘不道之極至于殺母人怨神怒自底誅滅惟皇天眷佑于我家肆予一人纘承先緒暴其罪惡貶爲庶人仍黜其殯于兆域之外仰惟熙宗號位宜正是以問者稽合禮文升祔太室復加美謚尊而崇之惟是塋非其所葢嘗憮然爰命有司卜地涓日奉遷梓宮已於十月初八日備禮葬于思陵庶幾有以慰在天之靈也大定二十八年十一月日熙宗卽亶也 思陵錄

昆田謹按此制金史失載

上方兜率寺後有蘋果園園中蘋婆果二株入秋結實甚繁山僧不忍摘果既熟暈青紅色絕可愛法華經妙莊嚴王言如來脣色赤好如頻婆果可謂善于喻物者

矣 韶光樓雜志

金太祖塋地號曰泰陵太宗所塋之墳山號曰豫陵 神麓記

金太祖陵曰睿陵太宗陵曰恭陵後改塋大房山名仍其舊苗氏所紀特與史不同或者其初擬名也 讀禮通考

金之先世卜塋于獲國林之南迨亮徙燕始置陵寢命司天臺于良鄉縣西五十餘里大紅山西大紅谷曰龍銜峯巒秀拔林木森密亮尋毀其寺遂遷祖父改塋于寺基之上又將正殿元位佛像鑿穴以奉安太祖太宗德宗其餘各隨昭穆序焉 金圖經

高尚書彥敬西域人善書青山白雲甚有遠致詩亦有

唐人意度有絕句云無限飛紅隨馬足春光更比路人忙墳今在房山羊頭岡下 鐵網珊瑚

高尚書畫在元時推爲第一臨川危素贈詩云房山格士高使君系出西域才超群河東張翥云老筆精神如米虎此山秀氣敵天台鄱陽周伯琦云西域才人画似詩雲山高下墨淋漓聞尚書有墓在羊頭岡故西巖姚庸詩有云月射羊岡玉樹林山齋猶在白雲深今土人已無知其處者 查浦輯聞

水峒兒朱家山水峪山長嶺湯哥莊皆房山所部也產礦砂可化以爲金嘉靖初邑人王宣請開季輸課三百六十金後以礦閉報罷癸未甲申之間礦砂復生居民群入山盜竊日至千斤大率砂一斤金不啻一錢也于日下舊聞

是房山人史籍等上書謂今方建慈寧宮萬壽宮山川效靈產金請比故事效尺寸之利于國家詔兩臺問狀涿州守王道定宛平令朱滚躬馳洞所見山勢險隘益賊易藏議以爲不便遂寢 萬曆武功錄

范陽大房山燕之奧室也而幽嵐山尤深山有淨業寺

德園集

日下舊聞卷三十一

京畿七 薊州

薊州在順天府東二百里 明一統志

禹貢冀州之域春秋戰國屬燕秦於此置漁陽郡兩漢因之 太平寰宇記

安帝建光元年初置漁陽營兵 後漢書

禰衡擊鼓作漁陽參檛蹀地來前躡馺足脚容態不常鼓聲甚悲易衣畢復擊鼓參檛而去至今有漁陽參檛自衡始也 文士傳

晉爲燕國及北平郡地後魏仍置漁陽郡隋初郡廢開皇六年徙置元州于此立總管府大業初府廢改置漁陽郡唐初郡廢屬幽州 方輿紀要

開元十八年析幽州之漁陽三河玉田三縣置薊州取古薊門關以名州 太平寰宇記

天寶元年復爲漁陽郡就置靜塞軍乾元元年復爲薊州五代石晉割以賂遼遼號尚武軍金天輔五年議以其地遺宋宋宣和四年賜名廣川郡七年金復取其地仍名薊州屬中都 清類天文分野之書

盤安軍節度判官蒲察糺舍與雞澤縣令温廸罕十方奴同守薊州衆潰而出糺舍十方奴死之詔贈糺舍金紫光祿大夫薊州刺史十方奴鎮國上將軍薊州刺史仍命樹碑以時致祭 金史忠義傳

元屬大都路 清類天文分野之書

明仍爲薊州以州治漁陽縣省入 方輿紀要

州舊有土城洪武四年甃以甎石周圍九里十三步連女墻高三丈五尺爲堞二千四十北倚山原南瀕沽水城門三各有樓東曰威遠南曰平津西曰拱極崇禎壬午城拆毁僅存基一半 薊州志

陸樹聲薊州重修城樓記畧薊州爲京輔要鎮左扼山海右控居庸背連古北距東西南各四百餘里而薊當其衝枕山帶河重關複阻遞爲應援以翼蔽畿輔又其東則朝鮮朶顔貢使往來率道境上南通西河餽餫食玉田寶坻魚鹽之利雄甲他鎮故崇墉巨屏特設守備布勁兵豐儲峙以顯城守城北阻岡不門惟東西南設三門上緣崇墉各建麗譙角樓弩穴分峙四隅中衢則建鼓樓屹立與三門等俯瞰闤闠

足稱壯鉅歲久傾圮寖失舊觀臬司西平王君誥戸曹固安段君鍊圖新理之經始於嘉靖二十六年六月落成于二十八年七月 陸文定公集

沈遘題漁陽圖詩燕山自是漢家地北望分明掌股間休作畫圖張屋壁空令壯士老朱顔 西谿集

白範薊門詩西來山盡處始見薊州城城拱三門峻天廻一面平人烟多戍卒市語雜番聲回首松亭道秋風幾日程 詩統

王世貞登薊州州城樓作登危不妨蠛蠓踞坐自側烏紗鐵嶺高天一綫漁陽落日千家 弇州山人稿

州治在城東北仍遼金舊址元至正間達魯花赤拓而更新之明初重建景泰三年芝產于堂後知州事姚恭

因扁曰靈芝堂成化間知州汪溥重修至崇禎壬午焚燬 薊州志

漁陽廢縣即今州治隋置漁陽縣唐初入幽州武后時營州陷于契丹寄治漁陽神龍初縣改屬營州開元四年復屬幽州十八年置薊州治焉 方輿紀要

漁陽本漢舊縣地理志漁陽郡管縣十二一曰漁陽以北有漁水縣在漁北因曰漁陽 清類天文分野之書

鮑丘水從塞外來南過漁陽縣東又南過潞縣西又南至雍奴縣北屈東入于海 水經

漁水出漁陽縣東南平地泉流西逕故縣城南今城在斯水之陽漁陽之名當屬此秦發閭左戍漁陽即是城也 水經注

儒學在州治西北 薊州志

薊州有預備倉 鎮三關志

廣福寺在州治北儒學之東 薊州志

獨樂寺在州治西南中有傑閣設大士象相傳盤山舍利塔神燈自塔而下先獨樂而後及諸佛剎云 同上

獨樂寺不知創自何代至遼時重修有翰林院學士承旨劉成碑統和四年孟夏立石其文畧曰故尚父秦王請談眞大師入獨樂寺修觀音閣以統和二年冬十月再建上下兩級東西五間南北八架大閣一所重塑十一面觀世音菩薩像 盤山志

塔下寺在州治西南 薊州志

高承埏宿薊州塔下寺詩樹色漁陽少僧廊塔下開

爐中分佛火檻外卽香臺露草吟蟲苦風鈴怖鴿來鷄蘇問遺趾覽古思徘徊 稽古堂集

薊州衛在州治東北洪武八年建鎭朔衛在薊州衛西永樂中建又營州右屯衛本在大寧衛境永樂二年移建州治北 方輿紀要

漁山在城西北三里高百餘丈周五里郡在此山之南故曰漁陽水遶山下故曰漁水 圖經

靜安寺在漁山之西舊名醴泉院遼道宗賜額淨名寺金大定間改今名 盤山志

避暑亭在州西北五里相傳金章宗避暑于此 寰宇通志

香林寺在薊州城北二里翁同鴉泉流峙左右薊亭之

勝槩也 盤山志

鐵嶺在城北十里石色如鐵懸澗極深 薊州志

泃水在州北四十里一名廣漢川發源黃崖口一支西南流經盤山之陰入平谷爲泃河一支東南流經盤山之陽過三叉口入寶坻縣之白龍港宋廣川郡之名以此 方輿紀要

廣漢川俗名黃崖川 薊州志

雄武城故廣漢川也 唐書志注

安祿山築壘范陽城北號雄武城峙兵積穀 唐書本傳

祿山歸范陽築雄武城外示禦寇內貯兵器養同羅及降奚契丹曳落河八千餘爲已子又畜單于護眞戰馬數萬匹牛羊五萬餘頭 安祿山事蹟

雄武城在州東北唐天寶六載安祿山築其後置軍使于此爲州境要地會昌二年回鶻部將那頡啜南邊雄武軍寇幽州節度使張仲武遣軍敗之廣明初盧龍帥李可舉吐谷渾都督赫連鐸共討沙陀李克用分兵守朔州自將其衆拒可舉于雄武軍卽此 方輿紀要

杜甫漁陽詩漁陽突騎猶精銳赫赫雍王都節制猛將飄然恐後時本朝不入非高計祿山北築雄武城舊防敗走歸其營繫書請問燕者舊今日何須十萬兵 杜工部集

廣明元年七月李克用自雄武軍引兵還李可舉遣行軍司馬韓元紹邀之于藥兒嶺大破之又敗之于雄武軍之境 通鑑

藥兒嶺在雄武軍西 通鑑注

五里鎭在州西五里宣德三年駕至五里鎭遂前行至石門驛是也 方輿紀要

宣德三年九月上駐蹕薊州西五里橋進州官諭之曰此漢漁陽郡也昔張堪爲政民有樂不可支之歌流傳至今古今人才不相遠爾曹勉之 實錄

陽河在州西五里亦名五里河源出城西鵝毛臺臺亦名紙坊山下流入于沽水水性暖遇寒不氷故曰陽河相去一里有凉泉水出地中方廣丈餘盛暑彌凉因名 方輿紀要

獷平城在州西漢縣屬漁陽郡東漢因之服虔曰獷音鞏 同上

獷平莽曰平獷 漢書注

建安十年三郡烏丸攻鮮于輔于獷平八月公渡河救獷平烏丸奔走出塞 魏志太祖紀

縣入晉廢 方輿紀要

雞蘇砦在州西五代梁開平二年劉守文以滄州之衆并招契丹吐谷渾共討其弟守光戰于雞蘇砦爲守光所獲 同上

遼會同九年九月閲諸道兵于漁陽西棗林淀 遼史

元天曆元年九月脱脱木兒與遼東軍戰薊州之檀子山 元史文宗紀

十月燕鐵木兒及陽翟王太平國王朶羅台等戰于檀子山之棗林唐其勢陷陣殺太平餘皆宵遁 元史本傳

揑古剌領軍六百人迎敵通州會丞相燕鐵木兒至檀子山與禿滿迭兒戰敗之 同上

定慧寺在城西二十五里小盤山一名庬茶寺今廢 盤山志

法常寺在亂石莊西惟石幢古井在焉 同上

盤山一名盤龍山在州西北二十五里高二千仞周百餘里山北數峯林立如削曰紫蓋曰宿猿尤爲奇特最高者曰上盤頂有巨石以指摇之輒動上有二龍潭下有潮井又有澤鉢泉稍下者曰中盤東行十餘里蔚然深秀怪石突起曰白帛曰暮山光嵐氣濛濛如雨上有古寺山南有小嶺陡絶難行曰砂嶺高二百餘仞周六里泉水沿石竇下爲砂河東流合五里河 名勝志

又數里雙峯塔下走旱麓爲百草窪東爲天城寺寺上三里李靖菴又二里舞劍臺東走爲東甘澗西折爲西甘澗又五里至仙師臺論盤山之勝松爲最泉次之峻則數上方舍利幽則數天城說者謂天窮于大漠故收靈鬱秀于此理或其然 緱山集

曹學佺游薊門記從三河行五十里至盤山之麓仰望其巔靑紫迴異浮圖樹石溢于目前旣入山有長泉一道從峽壁飛下齧石鳴濺濺不已壁上劖盤泉二字沿泉而上至中盤寺東折里許左右峯勢拱抱中有亭亭傍松夭矯如虬龍石谽谺磈礧飛走蹲伏坐臥負立樹多拳曲至地差衍松勢得少舒者上盤寺也負崖而岡夾以峻壁西有懸石亭其陰巖百仞

之上有石懸空勢壓亭表折而東北躋嶺以登嶺將半有石若巨人仰天而臥登嶺始見長城又上始見塔山有三盤而此據其上塔前有小圓殿壘甎爲之 石倉文集

九華峯最麗寺曰千像天門開兩岩相揖厓懸壑絕必縋而後可登 燕山紀游

祐唐寺乾亨二年寺僧希悟重修於谿谷澗石上刻千佛像一名千像寺有統和五年碑知薊州軍事判官文林郎試秘書省校書郎李仲宣撰文沙門德麟書 盤山志

千像寺唐開元間寺也寺後半里一石縱二丈廣丈有五尺一人推之則動衆人推則不動 帝京景物畧

白岩寺建自唐貞觀中至遼天顯十一年復建金大定中重修有元僧恒志碑記又有慶壽提點裕公塔銘 盤山志

純慧大師嬰足疾乃遯跡盤山敷課于白傘蓋每宴坐誦持常有山神部從敬侍尋克痊復遂於重熙八年召赴闕 奉福寺石幢記

天香妙祥寺唐建有元時重修石碣 盤山志

少林寺傳是晉魏間所建舊名法興寺元時重修有沙門圓玉禪記又有法興寺提點榮公塔銘沙門圓瑩撰又少林寺住持威公塔銘沙門圓讓撰其南嶺上有菱角石 同上

紫蓋峯在盤山中央 同上

盤山紫峯之下來壁明秀號曰中盤時膺隆興崇奉道教棲霞長春眞人應召來燕門下有棲雲子飛舄擇地其徒張志格等搜及此山遂營上築丙戌春請長春眞人建醮因題其額曰棲雲觀 雲山集

王志謹從長春眞人北游燕薊徜徉乎盤山西澗之石龕草衣木石若將終身焉 甘水仙源錄

姬翼字輔之高平人遇棲雲王眞人執弟子禮賜名志眞號知常子自是從游盤山所著詩文曰雲山集及周易直解道德經總章行于世 同上

高承埏望盤山詩中盤雲氣下盤生紫蓋峯高晩獨晴安得時平解塵組白松樹底飯黃精 稽古堂集

黒塔峪唐志閒禪師居此 盤山志

報國寺元大德中重修寺前有黒龍池東有燕子石同上

感化寺有遼乾統七年碑漁陽南抃撰文沙門蕭囘書碑稱魏太和十九年無終縣民田氏營建唐太和咸通閒道宗常實二師繼踵住持幽州主帥清河張公奏請于朝因得賜額寺有金圓新和尚窣堵波記大定中沙門法詮撰同上

唐釋知宗盤山上方道宗大師遺行碑師諱道宗俗姓田唐千牛將軍賓庭之後元和九秋師年弱冠於燕庭金閣寺受戒禮志敬寺如琳爲師後至永泰大師所與師契合謂師曰薊門舊里田盤靈山可搆浄居師蒙指教驚喜難名太和二年扃盤山峯頂多逢

獸跡莫面人踪境類虎谿地蟠龍腹師止棲處所如在四禪栢茶半斤稻米數斗二年所食一半猶存皎月銀河借爲燈燭松風石溜指作笙簧息煩焰于塵塗瑩戒珠于巖岫曾游絕岳墜地無傷山現蓮池龍降香水猛虎妥蹲于坐側巨蛇長逺于階前一上雲嶺兩更歲華偶因樵采之夫始見住持之跡初傳鄉里漸達州邦千里風聞四衆雲集方伯太尉相國清河張公仲武遥聆道德渴想音徽專飛簡章特有招倖師以松蘿誓節雲水堅懷三十九年不下棲隱侍中清河張公允伸大闡釋風逺欽道行頻馳清奉累降尺書命建豊碑以崇盛德於是沙門知宗撰文節度判官梁知至書石咸通七年暮春之月師化緣時

畢說偈整衣悄然靈脫至咸通九年荼毘于靈壇獲舍利數千塔于寺之東南隅 吉金貞石志

金上方感化寺故監寺澄方遺行碑銘大安七年釋志隆立石 盤山志

元上方感化寺提點賢公長供記至正八年香山永安寺僧福珪撰文本山住持海疇立石 同上

僧福珪記幽州之分漁陽西北山曰田盤出乎雲表山建十寺焉上方感化寺其一也至正甲申予應命來住是山創建方丈四楹五間賢公提點與有力焉公諱覺賢漁陽西花堠子峪人

盤山之石皆銳下而豐上故多飛動崖前有懸空石石粘空而立青側到地 長安客話

盤山之巔有雲罩寺相傳爲寶積禪師卓錫地一名降龍菴東嶺有舍利塔中藏戒珠六十顆佛牙一具遼太康中釋惠源明成化中釋本源嘉靖中釋圓成萬曆中釋眞開以次營葺並有碑記又有彌勒殿黃龍殿每歲除有神燈之異 盤山志

僧掩室開寶積頌山舍無塵分外清石榴花發透簾明槐陰滿地日卓午夢覺流鶯時一聲 指月錄

僧愚谷國頌依依楊柳欲藏鴉社後東風捲落花理策邀朋何處好山南山北看桑麻 同上

盤山異蹟有除夜佛燈燈出通州孤山塔上分爲數千百遠迸盤山諸寺至定光佛塔而止或曰塔中舍利光也 燕山紀游

黃龍祖師殿在盤山絕頂殿六角以象天圓地方每方各濶一丈通高二丈九尺啓檐複拱皆以甎爲之建于正統十四年至成化間鑄鐘一重二千斤覆以樓盤山志

謝榛登盤山絕頂謁黃龍祠作薊北來游第一山上連七十二禪關人行巨壑泉聲裏馬度層崖雲氣間石徑蕭蕭松吹冷萬折千廻臨絕頂鐘響塔傳下界遙鳥飛不到諸天迥無勞漢使泛槎心揮手銀河能幾尋歷歷邊城紛蟻垤明明滄海一牛涔老僧笑指烟霞外此意沉冥誰與會風生平地本無因雲點太清猶是礙弔古踟躕空石堂黃龍西去杳茫茫珠林不見菩提影寶塔長含舍利光壁塵拂去獨留賦下嶺回看迷曉霧放浪人間那復來月明夢繞盤山路四溟山人集

王世貞登盤山詩禪主空祠恒岳回誰憐盤嶺抱燕臺層巒不盡青天去亂瀑雄爭大壑來共指丹梯安薜荔還扶蠟屐破莓苔銀河只在微茫裏欲取寒杓作酒杯弇州山人稿

戚繼光登盤山絕頂詩霜角一聲草木哀雲頭對起石門開朔風邊酒不成醉落葉歸鴉無數來但使雕戈銷殺氣未妨白髮老邊才勒名峯上吾誰與故李將軍舞劍臺止止堂集

掛月峯在舍利塔之西又西爲茶子菴又西爲法藏寺其南有松蓬譚禪石盤山志

王嘉謨盤山法藏寺詩折坂殿懸厓悠然縱鞍轡緜綿谷口雲飄墮白如練峯巒忽相冐奇石還驚眩大者數十尋小或等冠弁峯巔有紺宇歷歷皆可見永懷僧栖樂倍覺塵情倦稀逢采芝侶獨立幾回盼薊丘集

青楊峪在法藏寺南上有淸峯寺盤山志

雙峯寺唐貞觀十八年建同上

王嘉謨盤山雙峯寺詩遠眺翠微近雲木澹淸姿石華浮半空飛泉激流斷其陽饒怪石小大紛參差萬嶺鬱相錯孤雲停不移中峯搆翠龕一一能仁祠山僧衣蘿薜雜以松蘚皮導我磨蒼崖覽古生遐思薊丘集

李靖舞劍臺石最堅不可鑿有唐李從簡來游數字刻焉字徑五寸帝京景物畧

天城寺一名福慶寺唐建盤山志

香水寺唐建有頭陀大師靈塔實行碑金正隆六年中都寶塔寺沙門知心撰善進書文曰師諱行及海東新羅常與人覽茲香水偶然挂錫剏石頭菴山精自竄拓靈源脉岩虎他之於廣明元年仲夏無疾而終門人惠超等塑以眞像塔而藏之其後塔龕盡圮恒凈等視之不忍重修巨塔表焉同上

瑞雲菴始建歲月莫攷金大安中重修西有朝陽洞歸雲洞同上

招提寺土人目爲先師臺同上

金山寺唐光啓二年七月建有石碣存稱薊州大夫張公修造此寺又有國子祭酒張峒題詩勒石薊州大夫峒之仲孫也 同上

遼會同二年二月獵于盤山統和七年十二月獵于薊州之南甸釣魚于曲水濼八年三月幸盤山諸寺獵西括折山 遼史

金大定二十六年八月甲午秋獮九月庚子次薊州辛丑幸仙洞寺壬寅幸香林淨名二寺十月甲辰朔幸盤山上方寺因徧歷中盤天香感化諸寺 金史

高適同呂員外酬田著作幕門軍西宿盤山秋夜作

磧路天已秋邊城夜應永遙傳戍旅作已報關山冷上將頓盤坂諸軍遍泉井綢繆閫外書慷慨幕中請能使勳業高動令氛霧屏遠途能自致短步終難騁羽翮時一看窮愁始三省人生感然諾何啻若形影白髮知苦心陽春見佳境星河連塞絡刁斗兼山靜憶君霜露時使我空引領 高常侍集

劉迎盤山招隱詩溪山不難買所費千金儲不如數峯雲朝昏對吾廬交游豈無人轉盼傷離居不如吾兄弟相應如笙竽左侯薊名族溫溫器璠璵身雖市朝寄心與功名疎伯也亦可人文華炳於菟風神聳魁偉襟韵含冲虛平生一片心緣塵不關渠相期有幽事歲晚山林俱綵服照黃冠歡呼奉親輿大婦侍巾帨中婦供庖厨諸孫戲膝前翩然鳳將雛朝采南澗芹暮漉西溪魚烟霞入杖屨風月來牕疏觀竹上

巢雲禮佛登香爐紅龍雪浪湧白塔蒼烟孤冰紘寫天籟茶甌泛雲腴快哉天下樂俯仰餘何須正恐老太沖招隱昔所無 山林長語

王衡游盤山詩塞北山河百二重太行雲氣入提封泉爭亂壑時縈馬谷響虛巖半是松紫邏烟花當九月青天雷雨入雙龍朝來杖策中盤寺指點經行第幾峯孤節短笠乍低昂翠碧丹楓引興長片石倒懸流水路斷厓剛掩薜蘿房諸天影裏沉西界斜月林中見上方繞盡寒空不知路冥冥鐘磬遠相將 緱山集

元天曆元年九月遣撒敦拒遼東兵于薊州東沙流河戰于薊州兩家店 元史

沙河在城西二十五里源出盤山經沙嶺之麓東南會五里河入沽河 薊州志

瀑水在城西二十五里出于石山之麓流經塔山之陰有泉自石竇出極清冷初夏或有水浮出 薊州志

白澗在城西四十里發源于盤山西峪經沙流河水色澂碧上有白澗寺 同上

安遠城在城西北唐末置安遠軍五代晉將周德威攻燕拔安遠軍薊州將成行言等降 方輿紀要

甘泉山在州西北七十里一名石獒山 同上

山頂有大石狀類犬故名上有甘泉寺 薊州志

薊州甘泉寺有蛇曰小青龍蚪之屬也與人馴狎時盤宿僧榻禱之能致雨 燕山叢錄

翁同山一名空同山在薊州城北五里上有崔府君祠又呼府君山舊有日照寺寺有圓覆法師舍利塔金大定九年進士孫設撰記甃塔之東其西又有小石碣列建塔居士沙門姓名盤山志

空同山相傳黃帝問道之所名勝志

遵化南三十里亦有空桐世謂黃帝謁廣成在此非也路史注

按岷州原州肅州汝州薊州贛州皆有空同山史黃帝本紀西至于空桐登鷄頭世以為隴右之山無致疑者左傳哀公二十六年宋景公游于空澤卒于連中大尹輿空澤之士千甲奉公自空桐入則汝州之山也山下有廣成城廣成澤上有廣成觀宋宣和中汝守林時請于朝建立說者謂襄城具茨壤地相接疑軒皇問道當於此地然稽之爾雅北戴斗極為空桐空桐之人武司馬彪注莊子亦云空桐當斗之山則空桐宜在北矣且問道之文載于莊子其初往見廣成子謂帝不足以語至道退而築特室席白茅閒居三月復往要之廣成子南首而臥帝順下風膝行而進當日帝邑于涿鹿之阿去薊甚邇故不難復要之又寰宇記薊縣有笄頭山空桐笄頭相去不遠而陳子昂薊丘覽古詩云尚想廣成子遺跡白雲隈然則薊之空桐未可定其

非黃帝問道之所也

薊州邵權平衡於東門之外翁同山之下構一室命之曰約齋 吳文正公集

白馬泉在空同山下 薊州志

州北之黃崖營州西之白馬泉鎮國莊州東之馬伸橋夾林河州西之別山鋪夾陰流河以至陰流淀皆可疏渠爲田也 屯政考

洪水城在州東北九十里唐所置守捉城也新唐書州有洪水守捉又東北三十里卽鹽城守捉也 方輿紀要

淸池在城東十五里周一頃餘四山圍繞瀲灩于中水色如藍 薊州志

別山在城東南三十里西臨沽水東據無終行旅所出

雖有山名而無高阜 同上

漁陽縣東南七十里有北平城倚燕山爲版築 括地志

漢右北平郡治平岡或以爲卽此城也 方輿紀要

漁陽有北平故城漢將軍李廣爲郡守出獵遇草中石謂是伏虎引弓射之沒羽卽是此處 隋圖經

醫無閭山碑在州城平津門外碑文洪武三年太祖御製封醫無閭山神者 輿地碑目

沽河在州南五里自陽河以西洵水以東諸水皆入焉其下流經新開河至直沽達于海漕運溯流而上直抵城南通典漁陽有鮑丘水又名潞水卽沽水矣後漢興平二年幽州牧劉虞爲公孫瓚所殺虞從事鮮于輔等合兵攻瓚破瓚于鮑丘水是也 方輿紀要

沽河在城南一名西潞水一名東潞水或曰在通州東者曰西潞水在薊州南者曰東潞水下流皆合于寶坻縣兼有鮑丘水之名建永濟橋于其上故又名永濟河

薊州舊志

國朝海運一十三衛管駕遮洋船於大名府衛河兑糧由直沽海口開洋涉歷海道運至薊州以給軍費歲有踈虞天順二年以大河衛百戸閔恭言命都督僉事宗勝御史李敏工部主事李尚發軍夫萬餘開河自新開沽起至薊州長四十里舟行無虞定例三年疏浚一次

漕河圖志

薊州官軍餉國初每歲用遮洋船由直沽出海轉運而至風濤甚險天順二年發薊州等衛軍萬人鑿河四十

里自新開沽起直達薊州三年三月始事僅一十三日而工成 水部備考

李賢新開運河記大河諸衛歲運三百六十餘艘直抵薊州爲倉而貯之以便支用往時由直沽循海道難免漂蕩覆溺之患天順改元廵狩薊州諸君深慮此患詢之父老云海濱有二沽一名水套一名新開沽相去纔十里可以開通以便運艘於是具陳其事

上命右參將都指揮僉事馬榮監察御史李敏工部主事李尚共蒞其事廼協謀相度起薊州寶坻軍夫萬人於是歲三月甲午始事丙午訖功人以爲成功之速必有神默相之遂建天妃宮於新河之左立石紀其事于旁 古穰集

宣德九年六月築薊州之溵流黃蠟錫等處隄岸實錄

翠雲寺在城南六里今廢薊州志

龍池河在州城南一名漁水源自州北盧兒嶺口流入南合遵化縣之梨河經玉田縣入寶坻縣之白龍港成化間西北盤山水發始合州境之沙河窩河及五里河並入沽水方輿紀要

漁水西南入沽水又南與螺山之水合水出漁陽城南小山魏氏土地記曰城南五里有螺山其水西南入沽水水經注

螺山在州城東南四十里薊州志

螺山亦曰洪螺山又曰紅羅嶮長安客話

金大定二十九年十月獵次羅山金史

漁陽有平鹵渠傍海穿漕以避海難又其北漲水爲溝以杜契丹皆神龍中滄州刺史姜師度開唐書注

神龍二年滄州刺史姜師度於薊州之北漲水爲溝以備契丹奚之入寇又約舊渠旁海穿漕號爲平鹵渠以避海難通糧者至今賴焉唐會要

司農卿姜師度明于川途善于溝洫嘗于薊北約魏帝舊渠傍海新創號曰平鹵渠以避海難餽運利焉時太史令傅孝忠明于乾象京師爲之語曰傅孝忠兩眼闚天姜師度一心看地言其思穿鑿之利也大唐新語

杜子美昔遊詩幽燕夙用武供給亦勞哉吳門持粟帛汎海凌蓬萊後出塞云漁陽豪俠地擊鼓吹笙竽雲帆轉遼海粳稻來東吳按唐會要開元二十七年李適之

幽州節度河北海運使唐書姜師度穿平虜渠以避海難蓋元之海運自崇明抵直沽唐時海運則自登州轉而平州以達于薊故子美云然也 辛齋詩話

白龍港在州南七十里亦曰白龍江遶桃花山下洵河沽河諸水皆滙焉入寶坻縣界亦名潮河以河通潮汐也 方輿紀要

漁陽有桃花山山頂有泉流遶山麓入洵河泉上有桃花寺自此十里沽河草橋諸水滙焉 名勝志

桃花山去薊州南二舍今城東別有桃花山桃花寺寺傍亦有泉遶山而下清淺可愛 長安客話

博陸城在州西南 方輿紀要

洳水出北山山在傂奚縣故城東南東南流逕博陸故城北又屈逕其城東世謂之平陸城非也漢武帝璽書封大司馬霍光爲侯國文穎曰博大陸平取其嘉名而無其縣食邑北海河東薛瓚曰按漁陽有博陸城謂此也今居山之陽處平陸之上匝帶川流面據四水文氏所謂無縣有嘉美名也 水經注

日下舊聞卷三十一終

日下舊聞卷三十一補遺

京畿七

武德元年高開道陷漁陽郡有馬乘千匹衆且萬人自立爲燕王都漁陽 舊唐書本傳

漁陽白檀寺幡刹日中有影月中無影不知何故因號佉夜幡 雲仙散錄

張仲武少業左氏春秋擲筆爲薊北雄武軍使 舊唐書本傳

薊州三十里至邦軍店三十五里至下店 松漠紀聞

昆田謹按邦軍今志作邦均下店今志作夏店

張永禎薊州道中作匹馬漁陽道休嗟行路難霜林無定葉秋水有餘寒古塞斜陽下征鴻亂葦殘盤山凝望裏烟外出層巒 畿輔詩存

薛瑄游盤山寺詩高秋遊古寺俯仰思悠悠塵土禪燈暗龍蛇畫壁幽草深埋石砌天濶压層丘欲問無生滅寒泉日夜流 敬軒集

方豪遊桃花寺詩聞說桃花寺征人興不禁桃花今不見流水尚堪尋石徑穿雲曲僧房入樹深寂寥須載酒緩坐聽秋禽 棠陵集

無名氏薊州桃花寺題壁詩舊有桃花樹人傳寺故云石危秋鷺上灘遠夜僧聞汲井連黃葉登臺散白雲燒丹勾漏令無處不逢君 列朝詩集

弘治癸丑薊州守臣奏閏五月既望辰巳之際本州忽

然晝晦天雷迅烈室廬撼動風勢狂猛瓦石皆飛電光交掣紅紫奪目見空中雷神無數形狀不一顏色難辨皆披甲冑各執兵械或劍斧鎚鑿或槍刀旗戟或縲絏枷鏁攝人起空中移時復擲下其震死者身體手足分裂異處凡九人又震牛十九頭亦皆身足分裂復拔去舌又在地震死者人牛復有十數攝上而復擲下者八九十人皆無恙皇天震怒誅譴慘烈州人戰栗駭隕不知何以獲罪于天也 治世餘聞錄

薊州舊有黎谿縣廢置皆未詳 金史地理志

漢安帝延光四年秋七月乙丑漁陽城門樓災 後漢書五行志

宣和四年更漁陽縣名平盧 宋史地理志

廣濟寺在盤山之麓寺東一頻婆果樹大可合抱居人云此樹歲可得錢二十千江南橘柚五十樹不能及也 三易齋藁

張弼舞劍臺送客詩舞劍臺前木葉飛蕭蕭凉思欲侵衣天涯萬里孤鴻遠且對黃花醉落暉 東海集

天興元年秋七月漁陽羣盜庫傳官韜聚黨爲寇詔冠軍將軍王建討平之 魏書道武帝紀

盤山清明穀雨時萬壑青松十里紅杏天然圖畫此時煮茗磐石上看白雲聽流水相對忘言覺五千四十八卷殊饒舌也 四正山居志

馬宣建文初爲都指揮守薊州靖難師起宣與鎮撫曾濬閉城堅守文皇遣將反復諭之不可張玉擁衆急攻

官率泉出戰陣殁濟亦死之忠節錄

漁山多泉冬夏歕涌成湖土人因之開爲稻田菰蒲荇藻宛似江南也四正山居志

遼時漁陽有獨樂道院沙門圓新居之見盤山感化寺窣堵波記黄圖雜志

盤山一名東五臺自來峰北臺也先師臺南臺也紫蓋峰中臺也九華峰東臺也舞劍臺西臺也眼甲石爲下盤古中盤爲中盤雲罩寺爲上盤上盤之勝以松中盤以石下盤以水四正山居志

青溝居盤之中群峰圍繞水滙于一逆流而西自天城寺水口出山同上

元之棲雲觀本法興寺今之少林寺也同上

盤山中盤法興寺亥子年間天兵始過罕有僧人甘泉本無元和尚之嗣振公首居上方橡栗充食以度朝夕全眞之徒挾丘處機之力謀占中盤乃就振公假言借住振公允之既居久遂規永定王道政陳知觀等拆毁宇毁佛像冒奏國母太后立牌額爲棲雲觀寺内古佛舍利墖高二百尺及正殿三門一并拆毁至乙卯後上方長老雲公忿其無禮碎其碑奏告今上皇帝又共那摩大師少林雪庭福裕禪師朝覲蒙哥皇帝具陳其事聖旨委付今上皇帝改正其獘仍爲僧院戊午年九月初四日也至元辨僞錄

唐郎肅甘泉普濟禪寺靈墖記故甘泉禪院大師諱曉方蘇州常熟縣人師事五泄山靈默大師慈悲以

濟物勇猛以化人橫身塞河決之波舉手正山崩之勢碎裂魔網高張法雲得岸拋舟不師文字上天燒尾別剃風雷方岳公侯連城守宰偃風渴道靡不皈依百草滋甘露之芽三獸極滾源之渡皇哉巍乎則瞿院之碑詳矣咸通十一年三月十日遷神於此山報齡七十七僧夏五十八門人法順等肇建靈龕于院西南百步盤龍山首焉咸通十二年歲次辛卯閏八月盧龍節度衙前兵馬使前朝議郎試大理司直中山郎肅記 吉金貞石志

遼李仲宣祐唐寺講堂碑畧盤山舊有五寺祐唐其一自昔相傳有尊者挈杖遠至求植足之所僧室東北隅巖下有澄泉恍惚之間見千僧洗鉢瞬息而泯因茲搆精舍厥後於谿谷澗石之面刻千佛之像以顯殊勝焉

南忭上方感化寺碑畧漁陽古郡之西北叢岫迆邐曰田盤山岡巒倚疊富有名寺而感化者魏太和十九年無終縣民田氏茲焉營辦唐太和咸通間道宗常實二師前季後昆繼踵而至故碑遺像文迹具存法堂佛宇敞乎下禪竇經龕出乎上埜有良田百餘頃園有甘栗萬餘株編屬三百無城郭乞食之勞斯爲計久之業矣

明張維新龍泉寺修造碑盤龍爲畿東大山蜿蜒以西又十里爲聍峪峪間夾兩崖有泉如練自東北折每春夏雲英英騰上頂刻徧山下視平谷菸如大海

入目曰龍泉泉之北巉巖壁立空翠撲人左右諸峰皆相顧拱揖黄精赤茯雜植其間元至正中僧順公結庵其處入國朝百有餘年日漸榛莽成化巳丑管州中屯衛指揮使景潭出金與復草創而巳僧悟興始建如來大殿於中左爲伽藍右爲祖師右東爲居僧之所虡鐘枹鼓以樓以亭湢浴堂厨各有次第偉然一大叢林矣興之徒曰本寬本源源之徒曰真讓能承師志作大士殿于王山之肩建浮圖于案山之表龍泉寺遂甲薊州域內

王道正重修雲罩寺碑畧盤龍山峰巒之奇甲于京東山巔有雲罩寺其來舊矣有墖曰舍利寳積禪師卓錫地也今上皇帝承聖母慈聖宣文明肅貞壽皇太后慈命印施藏經特命乾清宮常侍尚膳監太監呂公誠葺治之不日告成殿廡齋宇井井改觀

馮有經重修香林寺碑畧香林寺距漁陽約二里許東則鐵嶺龍嶠西則漁山鳳翥北則巍峰直矗南則平阜超忽盤踞自漢耤於唐迨明正統嘗葺治焉日月易邁殿宇漸頹董君懋修發重修之願遂邀同志各有所施因基就制揆日鳩工經始于萬曆丙午之二月落成于戊申之四月

米萬鍾重修墖院莊報恩寺碑畧城西北二十里盤山之麓墖院莊有報恩寺東枕洵巖西逼千像北控西方庵號稱古刹不知其創自何年也正統四年修治萬曆八年再新迄今三十年殿宇漸頹尼僧弘存募

金百兩補葺之 勺園藁

金釋圓照甘泉寺通和尚塔序略師諱行通俗姓張氏雲中人天會閒閆辨公倡法燕都叅示仰山大定四年退居三河白塔次年提上盤山道經甘泉衆請師住未幾怡然而化塔在寺之正北高阜

元釋圓讓盤山北少林寺威公禪師塔記略師之燕居萬壽主藥藏是時盤山法興虚席師至新巢雲軒因以巢雲自號宣政院使脫脫具奏朝廷有旨更法興爲北少林禪寺

宋登春薊州詩桑柘兵殘後人家夕照中天秋沙雁滅月冷塞樓空遥將燕山北擒生遼海東城南餘戰地燐火夜深紅 鷲池生詩集

天啟癸亥七月薊州民楊禮家有母彘生子人面豕耳額上一目頰下微有鬚身無毛四蹄類牛 閱耕餘錄

京畿八 玉田 豐潤 遵化 平谷

玉田縣在州城東八十里 明一統志

故無終子國 漢書注

魯襄公四年無終子嘉父使孟樂如晉因魏莊子納虎豹之皮以請和諸戎 國語

昭公元年晉中行穆子敗無終及羣狄于大原 左傳

北平有無終縣釋例土地名以北戎山戎無終三名爲一 春秋正義

項羽封韓廣爲遼東王都無終漢初臧荼擊殺廣于無終并其地漢滅荼置無終縣屬右北平郡更始以苗曾爲幽州牧治無終吳漢斬之晉屬北平郡隆安三年慕

容盛使其將李旱討叛將李朗于令支朗請救于魏自迎魏師于北平旱克令支遣別將孟廣平擊斬朗于無終後魏屬漁陽郡隋初屬元州大業初爲漁陽郡治隋末廢 方輿紀要

唐武德二年置無終縣貞觀元年省乾封二年復置萬歲通天元年更名玉田神龍元年隸營州開元四年還隸幽州八年隸營州十一年又隸幽州有濠門米亭三谷礓石方公白煬等戍 唐書注

十八年立薊州割以來屬 清類天文分野之書

五代梁開平初劉守文引滄德之兵討劉守光戰于玉田敗還遼仍其舊宋宣和四年改置經州金復爲玉田元因之 方輿紀要

吏部員外郎傅察接伴賀正旦使人于玉田縣斡離不脅之使降副使蔣噩等羅拜獨察不屈死之東都事畧

王宗仁妻宋氏進士宋褧之女也宗仁家永平永平受兵宋氏從夫避于鏵子山夫婦爲軍所執行至玉田縣有窺宋氏色美欲害宗仁者宋氏顧謂夫曰我不幸至此必不以身累君言訖遂攜一女投井死元史列女傳

縣城築于成化三年周圍一千二百二十步城門三東曰迎旭西曰拱宸南曰來薰其北門久塞隆慶元年增崇三尺崇禎八年其内悉易以磚既而復濬濠導彭家橋水注之縣志

謝鐸玉田縣新城記畧成化四年四月薊州玉田縣新城成先是縣有土城歲久頹圮齊東喬君瑾來宰

是邑謀于巡撫右僉都御史閻公本請于上以指揮使李廸署都指揮僉事蒞其事閱一年訖工易土以甎崇二丈五尺桃谿淨藁

縣治在城西北隅建于元延祐年辛酉有學士郭貫碑記文稱京師高庭謁由保定路元州判官來兹邑捐奉錢構廳宇繪蠶麥圖于壁高既去有楊君玉傳伯元續成之縣志

儒學在縣治西創于遼乾統中今大覺寺是其遺址嘉靖癸巳改建于西關外庚戌督學御史阮鶚復移城内以玉陽觀爲之萬曆六年又稍遷而東築臺建大成殿東西兩廡及戟門同上

上生寺在縣治東南永樂四年建寰宇通志

陽樊驛舊在縣西二十里嘉靖二年遷于縣之西關方輿紀要

采亭橋在縣西二十里金學士楊繪建繪邑人采亭其别字也 名勝志

玉田縣西北有水其色蔚藍可愛亦曰藍水其土如靛蓄靛者恒取土和靛賣之 燕山叢錄

藍水出北山東屈而南流逕無終縣故城無終子國也 水經注

麻山在縣城北十五里與旁山相連南即種玉山也距縣西北二十五里懸厓壁立其旁爲石鼓唐大宗征高麗嘗聚兵于此 名勝志

燕山在縣西北二十五里晉咸康四年石虎攻段遼遼

將北平相陽裕登燕山以自固即此 方輿紀要

燕山之脈自太行迤邐而東暨玉田直抵海岸燕國由此名或以爲即燕然非也 長安客話

由燕山口迤西二里折而北又東歷磴而上有梨花菴綠陰覆翳可以避暑 縣志

燕山上懸巖之側有石鼓去地百餘丈望若數百石囷有石梁貫之鼓之東南有石人援桴狀同擊勢耆舊言燕山石鼓鳴則土有兵 水經注

楸子谷在石鼓山後七里有寺 縣志

右北平城東北一百一十里有徐無城 魏氏土地記

徐無縣故城王莽之北順亭 水經注

城在縣東漢縣屬右北平郡後漢因之晉爲北平郡治

咸康三年後趙石虎攻段遼于令支至徐無後魏縣屬漁陽郡後周廢入無終縣 方輿紀要

庚水出右北平徐無縣北塞中南流歷徐無山得黑牛谷水又得沙谷水並西出山東流昔田子春避難居之衆至五千家開山圖曰山出不灰之木生火之石注云其木色黑似炭而無葉有石赤色如丹以一石相磨則火發合則無之 水經注

田疇得北歸遂入徐無山中營深險平敞地而居躬耕以養父母百姓歸之數年間至五千餘家疇謂其父老曰諸君不以疇不肖遠來相就衆成都邑而莫相統一恐非久安之道願推擇其賢長者以爲之主皆曰善因僉推疇疇乃爲約束相殺傷犯盜諍訟之法法重者至

死其次抵罪二十餘條又制爲婚姻嫁娶之禮興學校講授之業班行其衆衆皆便之至道不拾遺北邊翕然服其威信 魏志

山在縣東北二十里建安十一年曹操伐烏桓令田疇爲鄉導上徐無山是也 方輿紀要

小泉山在縣東北二十五里上有泉出石罅西南流五里合大泉山之水入白龍江 名勝志

無終山一名翁同山又名陰山在漁陽縣西北四里 太平寰宇記

灅水又東南流爲北黃水又屈而南爲南黃水又西南逕無終山即帛仲理所合神丹處也又於是山作金五千斤以救百姓山有陽翁伯玉田在縣西北有陽公壇

社即陽公之故居也 水經注

陽翁伯者盧龍人事親以孝葬父母於無終山山高八十里其上無水翁伯廬于墓側晝夜號痛神明感之出泉于其墓側因引水就官道以濟行人嘗有飲馬者以白石一斗與之令翁伯種之當生美玉果生白璧長二尺者數雙北平徐氏有女翁伯欲求婚徐謂媒者曰得白璧一雙可矣翁伯以白璧五雙遂婿徐氏數年雲龍下迎夫婦俱昇天今謂所居爲玉田坊翁伯仙去後子孫立大石柱于田中以紀其事 仙傳拾遺

雍伯雒陽人 搜神記

陽氏譜叙言翁伯是周景王之孫食采陽樊春秋之末爰宅無終因陽樊而易氏焉愛人博施天祚玉田其碑文云居於縣北六十里翁同之山後路徙于西山之下

陽公又遷焉而受玉田之賜情不好寶玉田自去今猶謂之爲玉田陽于寶曰於種石處四角作大石柱各一丈中央一頃之地名曰玉田 水經注

古漁陽北有無終山山上有燕昭王冢 九州要畧

張華晉惠帝時爲司空于時燕昭王墓前有一班狸積年能爲幻乃變一書生欲詣張公過問墓前華表曰以我才貌可得見張司空否華表曰子之妙解爲無不可但司空智度恐難籠絡出必遇辱非但喪子千歲之質亦當深誤老表不從遂詣華華見其風流絜白雅重之於是論及文章辨校聲實華未嘗聞比復商畧三史探賾百家談老莊之奥區披風雅之絶旨包十聖貫三才

箴八儒擿五禮華無不應聲屈滯乃歎曰天下豈有此年少若非鬼怪卽是狐狸書生乃曰明公當尊賢容衆奈何憎人學問言卒便請退華已使人防門不得出旣而又謂華曰公門置甲兵欄騎當是疑于僕也將恐天下之人捲舌而不言智謀之士望門而不進深爲明公惜之華不應而使人防禦甚嚴豐城令雷煥博物士也謂華曰聞魑魅忌狗所別者數百年物耳千年老精不復能別唯有千年枯木照之則形見燕昭王墓前華表已千年乃遣人伐之使人旣至華表歎曰老狸乃不自知果誤我事于華表空中得靑衣小兒長二尺餘將還至洛陽而變成枯木燃之以照書生乃是一斑狸茂先歎曰此二物不值我千年不可復得 集異記

羅隱燕昭王墓詩戰國蒼茫難重尋此中蹤跡想知音强停別騎山花曉欲弔遺魂野草深浮世近來輕駿骨高臺何處有黃金思量郭隗平生事不殉昭王是負心 甲乙集

金明威將軍同知宣徽院事上輕車都尉隴西郡開國伯食邑七百戶李磐神道碑其文中順大夫同知中都路都轉運使輕車都尉廣陵郡開國伯食邑七百戶高德裔撰并書磐字仲安玉田人墓在縣城東北又城北有元同知薊州事楊德潤墓墓碑其兄子遇所撰 黃圖雜志

庚水在縣東北四十里卽豐潤之浭水也 方輿紀要

梨河在縣東二十里自遵化縣南流經縣境又南入寶

坻縣界縣之東境諸水多流入焉 同上

鵁鴒橋在縣東南四十里 縣志

興州左屯衛在玉田縣東南一百四十里舊在開平衛境永樂初移建於此 方輿紀要

縣有清莊塢導河可田後湖莊䟽湖可田三里屯及大泉小泉引泉可田也 屯政考

光砂泉在玉田縣南攻玉所用 寰宇通志

偏林在縣境金大定二十年以玉田縣行宮之地偏林爲御林即此 方輿紀要

豐潤縣在州城東南一百九十里 明一統志

本玉田縣之永濟務金泰和中置豐潤縣屬薊州 方輿紀要

元至元二年省入玉田四年以路當衝要復置 元史地理志

至元二十二年立豐閏署于大都路薊州之豐閏縣爲戸八百三十七爲田三百四十九頃 元史兵志

洪武元年改閏爲潤仍屬薊州 清類天文分野之書

縣產鹽場故名豐潤 郡縣釋名

縣舊有土城正統十四年始甃以磚城周圍四里并女墻高二丈五尺門四東來遠西拱宸南觀海北鎮朔隆慶二年增修高五尺三年增建角樓四東南曰羌伏西南曰海潤東北曰定邊西北曰保極 縣志

縣治在城東北隅金大定二十七年建元至元七年縣令孫慶瑜修之有碑記又有儒學教諭武起宗疆域記

刻石 同上

元孫慶瑜豊閏縣記永濟務左控孤竹右接無終濱海浮於前醴泉鎮於後其民勤儉而力稼穡田廣遠而極膏腴所出絲枲魚鹽所宜稻粱黍稷若夫運水紺碧放舟南下縱其所往紫蟹金鱗隨意而得雖大郡未足多也聞之父老云在昔金大定間始改務爲縣至大安初避東海郡侯諱更名曰豊閏地方數百餘里戶不啻二萬民物豊衍賦入繁阜爲薊郡諸縣之最承安中以懷遠大將軍夾谷公習捏來宰是縣我大朝開創以來庚辰之歲改縣爲閏州以李公充鎮國上將軍行節度使因幹徃西京罹病以歸廼不克抵任遂以同知張公就充節度使大豪賛公由縣

令陞宣差燕京路越支鹽使時人號賛半州是也厥後石抹公亦首任此縣後陞宣差平灤路廉訪鹽榷使薊州達魯花赤蒸爰昔逮今來爲守令者非軍功耆德未易處此至元初省併諸司移節官吏將邑并入玉田未及週歲邑人咸曰豊閏實東西要衝相去玉田地里遼邈民有訴訟奔走控告大所不便有耆舊李君信之慨然首倡懷牒詣省部陳理遂蒙允可縣治得仍舊於今積有年矣前縣尹張公主簿牛公世宦豊閏縣尹楊公自玉田來蒞是邑皆淵通物理剸裁平允百姓信服治績有稱達魯花赤脫出蒙古人也賦性純謹深達時事主簿范公闊閭相承用蔭歷治眞定武強所至爲循良之吏僕世業農叨忝縣

宰自慙僧鈍不足比數日以簿書爲念特愛其山川形勝有登臨之樂課其風俗好惡有布政之宜故因修完廳事落成之日爲之碑璇庶幾來者尚有攷于斯云

按豐閏曾陞爲閏州元史不載清類天文分野之書成于洪武初去元甚邇亦未之及乃見于當日縣令之文勒之于石者未可云無徵不信也

縣治內古鼎一弘治間土人鑿井得之重五百斤圜腹弇口四足足上爲牛首下爲牛蹄款識甚古或以爲商時物 長安客話

儒學在縣治東南金大定中建元至元十二年搆大成

殿延祐五年增建兩廡有郎中張昻碑記縣志

元張昻新建文廟兩廡碑 漁陽豐閏縣遼金以降爲州爲縣載在沿革茲不多云其地東連碣石西接漁陽南瞯滄溟北隣白霫沃壤數百里魚鹽之利棗栗之饒甲于東方天兵革命之後邑之儒宮鞠爲茂草遺跡不存至元十二年邑中耆老鳩錢千萬十日而經營之不期月剏搆大成殿設聖像于中列十哲于左右春秋祭祀俾諸儒拜趨其下展其誠敬於今四十餘載兩廡諸賢之位尚猶闕然延祐三年夏翰林椽史耿公承事來尹是邑暇日游于芹宮謀諸同僚鳩材募工經始于延祐五年八月落成于是歲冬十月告成之日邑耆老楊質等欲刻諸石於是學官楊

齊賢請予辭而銘之

豐盈倉在豐潤縣 四鎮三關志

興州前屯衛在縣治西永樂二年移建 方輿紀要

弘法寺在縣治西唐顯慶元年建金泰和五年元至大四年相繼重修 縣志

馬中錫過弘法寺詩白髮吳僧健譚空坐講堂留人多啜茗供佛祇焚香日落鴉爭樹天寒鶴共房嗟予行役倦風雨欲連牀 東田漫稿

天宮寺在城西南遼清寧元年鹽監張日成建有塔一十三級初名南塔院壽昌三年賜額極樂院至金人與宋修好行府悉寓于此天會五年敕加大天宮寺 縣志

義豐驛舊在縣東三十里嘉靖二年遷于縣之南關 同上

豐潤南關外玉皇閣有石塔建自元時塔有六角每角有石龍一成化中其東南角龍乘雨飛去至今缺焉 燕山叢錄

車軸山在縣南二十里孤圓而高若臥轂然上有壽峯寺無梁閣一塔二 縣志

陡河在縣南三十里發源于遷安縣館山由牲牛橋而來其地掘丈餘有水火炭可供爨陶磁器者利之 同上

韓城鎮在縣南五十里有河源出車軸山經鎮北又西流十餘里入漫泊下流會還鄉河 方輿紀要

鎮有居民可二百家並無城 許奉使行程錄

沙河在縣南源出灤州界西北流經縣之越支社又屈

而東南流入于海縣志

越支社在縣南百里亦曰越支場有宋家營鹽課司方輿紀要

元徐世隆越支社重立鹽場記幽州置鹽始見于後魏歷唐以迄遼金地屬京圻生齒既繁炊爨益衆嘗設提舉司於寶坻秩視五品以重其選所轄諸塲越支課居其半特除管勾一員以涖之國初草創鹽政未立任土之貢一付京官時土豪張進輩被府檄鳩遺民數十户集越支之宋家營以居復事煎造聚落未成京使已旁午令大償巨貫債緡鞭笞逼急田野爲之騷然未幾以鹽司隷徵收課稅所衆稍息肩自鬻課之令行提領諸路者既自詭增倍鎔山煑海搜羅殆盡其徵輸入官者須厚賄乃獲歸且以所費取償於其屬大抵用直十錢之物嘗估以當數十錢之屬而工本又稽時不給給則尅減自是竈民困矣中統改元分十道宣撫爲外臺悉革前弊然上禁甚嚴下之怙勢罔利者甚虐無告民猶爲病至元二年詔以大中大夫禮部侍郎倪德政爲中都路轉運使提領稅司事荅木丁同知使事寶坻鹽使崔岩臣副之倪公敦厚廉平且練財穀稔知民苦計會同僚公議凡塲户入鹽即給値仍純支寶鈔不折諸物其尤貧窶者預貸工資以賙之存恤百姓於是富者起逋者還乏者足惰者勸擔者車步者騎僑者籍料量平牒訴息獄犴空倪公倡之同僚和之曾不三歲鹽課以

盆席袋山積死廬相連牛馬蔽野熈熈然如在春臺和氣中咸曰自再立鹽司以來幾五百年未有如今日之安静無擾者也耆老翟安仁暨士人數百願樹監司石以紀政績介故人曹君世傑來乞文余謂人知監司之賢不知相臣擇監司之賢人知相臣能擇人之賢又不知天子能擇相臣之聖惟上下各得其人故能利人之病富人之貧樂人之樂憂人之憂使諸路監司皆能如倪公輩之心將澤遍天下又豈特越支一場而已哉

沙巖寺在縣西十五里中有十三級塔洪武中有雲霧護塔三日遂失所在今遺址尚存 燕山叢錄

沙流河在縣西四十里源出縣西北五十里之黨谷山下經兩山口又西南流會丁還鄉河元致和初懷王襲位上都兵自遼東入討撒敦等拒之于薊州東沙流河是也 方輿紀要

鴉鶻山在縣西北二十里峯巒秀拔高數百仞中有二石穴名孟家洞趙家洞又西有兩山口兩山者狼山管山也兩崖對峙中有路通遵化縣又有蓮花池水注焉 同上

梁家務在縣西北二十五里有聖巖寺元至正年修 縣志

靈應山在縣西北四十里懸崖壁立岩畔有泉歕流而下注于流沙河 方輿紀要

山有二石洞洞中有石硯時有巖溜滴硯池中 豐潤縣

上垠廢縣在縣西北六十里漢置屬右北平郡後漢爲郡治晉屬北平郡後魏屬漁陽郡後屬安樂郡地形志太平眞君九年置土垠縣似廢而復置也舊志稱土垠城在寄雲東百里陳宫山下即此城矣後齊廢今縣東十里有垠城鋪垠音銀 方輿紀要

南關城即古垠城相傳趙武靈王所築 名勝志

巨梁水出土垠縣北陳宫山西南流逕觀鷄山謂之觀鷄水水東有觀鷄寺寺有大堂甚高廣可容千僧下悉結石爲之上加塗塈基内疏通枝經脉散基側室外四出爨火炎勢内流一堂盡溫蓋以此土寒嚴霜氣肅猛出家沙門率皆貧薄施主慮闕道業故崇斯構是以志道者多栖托焉 水經注

陳宫山在縣北七十里觀雞寺在縣北四十里俗傳峯頂有金雞之瑞故名 名勝志

陳宫山縈廻數十里東臨還鄉河西接黃土嶺山南有峯其色蒼翠一名華山有龍泉井鑿石而成每六月水滿且溢至冬乃止又曰溢泉井 縣志

湮水在縣北八十里一名還鄉河或謂之雲湮水源自遷安縣歷崖兒口西南流經縣境入玉田縣界合于梨河 方輿紀要

湮水源出崖兒口經豊潤玉田由運河入海凡水皆自西而東此水獨西故俗謂之還鄉河宋徽宗過河橋駐馬四顧悽然曰過此漸近大漠吾安得似此水還鄉乎

不食而去人謂其橋爲思鄉橋 燕山叢錄

徽宗北狩經薊縣梁魚務務有還鄉橋石少主命名人至今呼之上曰此乃亂世之主後聖必能力伸此冤令我回此橋不食而去 宣政雜錄

國初用遮洋船從直沽出海轉餉薊州時有漂没天順二年開直沽河歲久復堙嘉靖四十五年詔濬豐潤縣還鄉河轉運太平等寨軍餉於北齊莊張官屯鴉鴻橋設三閘以瀦水焉 吳文恪公集

崖兒口山在縣東北八十里其山綿連而中斷東爲崖兒口西爲白雷口有水自崖而入 方輿紀要

翠峯寺北去縣四十里金貞祐初建中有二石柱雕八龍天將雨龍頭晶晶有水珠又有翠峯觀 縣志

豐潤金窰山極險峻山腹石壁間宛如門扇而不可開上有朱書數行惟縱有黄金人不見七字可辨識其書雖極力磨洗不滅人以爲金鑛所在 燕山叢錄

甘泉寺在縣北二十里水路村元至正年修 縣志

枇杷山在縣北三十里其山平廣産白土如粉可飾屋壁同上

俊靡廢縣在縣北漢置屬右北平郡後漢因之建武中遣吳漢等擊尤來大槍賊窮追至俊靡是也晉屬北平郡後廢 靡音麻 方輿紀要

花園村在縣東二十里 名勝志

靈照寺唐稱福興院金承安中修在城東二十里 豐潤縣志

馬頭山連峯馳驟最南一峯昂若馬首在縣東二十里方輿紀要

豐潤縣東北有山惟荆叢生相傳唐太宗爲秦王時登此山見荆愕然曰此里師授吾句讀時所用朴也下馬拜荆皆垂首嚮地如癲伏狀至今猶然石上有秦王下馬跡因名秦王山燕山叢錄

眞常寺在縣東北三十五里隋建縣志

朝月山在縣東八十里兩峯特起狀如偃月山陰爲石坑岡方輿紀要

腰帶山亦在縣東八十里上有石厓繞山半如束帶然同上

靈泉水出腰帶山南百餘步上有石屋竇深尺許泉注

其中西爲大嶺山行旅所經也名勝志

縣南有大砦及刺楡坨史家河大王莊之地東則條子鎭西則鴉鴻橋夾河五十里皆可屯之區也又自水道沽關黑岩子墩至宋家營諸處東西百里南北百八十里地皆瀕海平曠可畊屯政考

城西盧各莊韓天企墓有金崇慶二年所立碑豐潤縣志

遵化縣在州城東一百二十里明一統志

遵化古無終地漢屬右北平唐天寶初於此置買馬監號監城清類天文分野之書

後唐始置遵化縣方輿紀要

遼重熙中置景州淸安軍以縣來屬遼史

宋宣和四年金人以州來歸賜郡名曰灤川軍事 宋史

金廢州縣隸薊州元因之 方輿紀要

縣舊係土城洪武十一年指揮周寶拓城西外地甃以甎萬曆九年總兵戚繼光撤而更築之內外以甓周一千三百五十一丈計六里基廣三十尺高四尋有半堞一千三百四十一爲門四東鎮海南時薰西戴京北清漠門樓四東門之北建簪纓樓 縣志

縣治在城之東北隅洪武初主簿徐成建萬曆四年知縣事宋仕擴之儒學在縣治西南金正隆三年剏立元大德元年縣尹盧珪修 同上

遵化衛在縣治南洪武十年建東勝右衛在遵化衛西永樂初移建于此忠義中衛在縣治東南永樂初建寬河守禦千戶所在縣治南建文二年建 方輿紀要

大悲閣在城中高十尋榜曰護國仁王佛壇相傳建自六朝元至大元年修 縣志

謝榛登遵化閣詩凌虛樓閣鬱崔嵬四望青山宿霧開日上海關邊邑盡天連沙漠鴈聲來仲宣賦就千年事張載銘成一代才懷古不堪空佇立秋風吹鬢放歌回 四溟山人集

廣慧寺在城西南宣德年建 縣志

鍾山觀在縣治東 明一統志

遵化驛在戴京門外西南有館有序有門有馬神祠明崇禎二年廢 縣志

蒲池在郭門西七里廣二里 同上

湧泉湖在縣西南湖不甚廣而泉水澄渟不竭方輿紀要

縣西南平安城及沙河舖湧泉湖韭菜溝上素河下素河皆利于耕屯處也 潞水客譚

梨河在縣西南十里源出縣北山谷中舊志云出灤州界流入縣境縣西北有湯河出鮎魚口又有清水河出道溝谷俱流合焉經玉田縣入寶坻縣界會于潮河建文三年遼東兵圍遵化燕兵敗之于清水寺橋橋蓋在清水河上方輿紀要

縣西南十三里明月山高百餘仞上有石穴南北相通穴口望之如明月然又十二里爲夾山中有寺曰慈應寺山口有石曰試杵石 名勝志

遵化縣小燕戶有石如卧牛其上杵迹徧滿名曰試杵石又五里水門口有石如龜形潦水暴至勢若陵阜而此石依然水上相傳龜没則有兵 燕山叢錄

平安城在縣西南五十里周圍五里相傳唐太宗征遼遘疾經此旋愈故名 名勝志

縣南八里有南龍山其北有北龍山兩山相望蜿蜒如龍 方輿紀要

沽水南出峽岸有二城世謂之獨固門以其藉嶮憑固易爲依据兼壁竦聳踈通若門故得是名也 水經注

獨固門一名龍門在縣南十里上合下開開處高六丈許水自懸厓傾瀉而下觸石成井奔盪之聲轟然若雷名勝志

縣南十七里清風山其山四時蕭颯多風縣志

桃花山在縣南二十五里層峯叠嶂上多桃樹其巔有塔山下聖水泉旁有石室同上

磨臺山在縣南四十里山高聳而頂圓如磨方輿紀要

蓮花池在磨臺山金大定間有大龜負鏡出浮池面土人異之建刹名龜鏡長安客話

靈靈山上有靈靈寺在縣南五十里縣志

山高九百餘丈爲縣境群山之冠方輿紀要

鐵冶廠在縣治東南六十里城小而堅元時置冶砂坡谷正統三年移此縣志

遵化鐵廠永樂年間在砂坡谷開設宣德中遷松棚谷正統年遷白冶莊去縣可八十里又二十里則邊墻矣

爐有神元之爐長康侯也康當爐四十日而無鐵懼罪欲自經二女勸止之因投爐而死衆見其飛騰光燄中若有龍隨而起者項之鐵液成元封其父爲崇寧侯二女稱金火二仙姑至今祀之其地原有龍潛于爐下故鐵不成二女投下龍驚而起焚其尾時有禿龍見焉春明夢餘錄

元時遵化縣民康小二爲官鑄鐵不鎔費薪炭無數主者將治之康有二女恐父獲罪俱祝天投入冶中鐵應時鎔共見二女隨烟熖上昇事聞勑爲金火二仙姑至今鐵冶祀之燕山叢錄

鐵山在郭東五里小嶺也中斷若峽山石黝黑每朝日射峽口一縷如虹石色俱殷縣志

景忠山在城東六十里舊名陰山總兵馬永建三忠祠于山上因更名焉 同上

縣東北二十五里五峯山東曰快目南曰瑞雲西曰紅翠北曰虎岩中曰紫蓋峯皆崛起 名勝志

山有雲昌寺遼重熙中僧志紀重修更名禪林寺山半懸石曰鷄鳴石取小石扣之作羣雞聲 縣志

遵化禪林寺前龍潭嘗有毒龍居之時爲民害金世寺僧龍勝奴持水之潭側祝之龍遂飛去 燕山叢錄

乳山在縣東北三十里 縣志

三臺山在縣東北九十里其山盤曲三層又東北二十里爲大團亭山山北爲小團亭山皆縣境之險要也 方輿紀要

灤河又名灤江在縣東七十里源出塞外由潘口入南經灤州入海宋名郡爲灤州以此 縣志

灤河自縣北團亭砦流入內地東南入遷安縣境唐開元二年幽州帥薛訥出檀州擊契丹至灤水山峽中契丹伏兵遮其前後從山上擊之訥大敗即此地也 方輿紀要

縣北有五里 河源自片石谷口流坡谷間數里始合沽河 名勝志

鹽城在縣北唐守捉城也唐志出薊州雄武軍東北行百二十里至鹽城守捉又東北渡灤河或以爲即漢滑鹽縣恐誤 方輿紀要

遵化縣北四十里温泉湝之愈疥守臣爲鑿池受之覆

以鉅屋導其流折而左入東院以待仕宦復右折入西院以待騶從復南注爲兩池以待行旅使男女異處皆石甃石欄浴者甚便 燕山叢錄

湯泉在山坡下沸而四出萬曆五年戚大將軍繼光甃石爲池深二丈方四尋覆以堂曰九新泉上有寺唐貞觀二年建名福泉寺俗呼湯泉寺湯泉如分寧臨川崇仁安寧寧州白厓德勝關湏穹宜良鄧州盧陵京山新田皆有其最著者驪山最潔者香谿最熱者遵化 帝京景物畧

湯泉自平地湧出浴之可以愈疾上有福泉寺迤北即馬蘭峪 長安客話

灅水出右北平俊靡縣王莽之俊麻也世謂之車軬水

東南流與温泉水合水出北山溪即温源也魏氏土地記曰徐無城東流温湯即此也其水南流百步便伏流入于地下水盛則通注灅水又東南逕石門峽山高嶄絶壁立洞開俗謂之石門口漢中平四年漁陽張純反殺右北平太守劉政遼東太守陽紘中平五年中郎將孟益率公孫瓚討純戰于石門大破之 水經注

張純與烏桓丘力居等入寇公孫瓚追擊戰于屬國石門大敗之 後漢書

按後漢書靈帝本紀但云石門傳則云屬國石門明有兩石門公孫瓚戰地乃遼東屬國之石門也章懷太子注石門山在今營州柳城縣西南通典柳城有石門山非此漁陽之石門水經注誤爾 北平古今記

石門鎮在薊州東六十里山峽嶄絕壁立中洞開俗呼爲石門口宋宣和五年遼蕭幹敗宋兵于石門鎮遂陷薊州寇掠燕城爲郭藥師所敗幹走死今爲石門鎮驛宣德三年征兀良哈自石門驛出喜峯口是也 方輿紀要

明昌元年十阻轐叛內族襄出屯北京會羣牧契丹德壽陁鎖等據信州叛衆號數十萬遠近震駭襄閑暇如平日人心乃安初襄之出鎮也至石門鎮客謂僚屬曰北部犯塞奚足慮第恐姦人乘隙而動北京近地軍少當預爲之備卽遣官發上京等軍六千至是果得其用 金史本傳

石門峽有石將軍在峽西崖高三丈 名勝志

儲巏石門詠石將軍詩精爽千年護石門晚風黃葉亂山村時危暗灑英雄淚貌古全無斧鑿痕故壘夜嘶惟石馬老兵秋酹只匏樽望夫多少山頭婦不似將軍殿塞垣 柴墟集

王衡游湯泉記石門兩山巀嶪道旁祠漢將軍張純又二十里爲湯泉泉在山坡下初漫羨四溢戚將軍繼光始甃石爲池池正壓九新堂深二丈許廣倍之池之南穴而下水支委于墻外種荷花一渠滌淨可挹又溝其北以石承之穿堂而出中堂爲簷除甃爲小方塘以上受雨而下引泉客至則設版焉東則銅龍張口噴泉甚怒迤行入浴池池之陰有竇蓄寒水浴者時其溫凉之候而啟開之九新堂後有池如偃

月寒水所自出也 繖山集

野狐山在城西北十七里下有澄潭土人遇旱禱于此 縣志

關山在縣西北五十里以山近邊關而名 方輿紀要

豊臺嶺在馬蘭谷西去城七十里 縣志

平谷縣在州城西北八十里 明一統志

漢置平谷縣屬漁陽郡在今通州北晉廢今縣本唐漁陽縣之大王鎮 方輿紀要

平谷金大定二十七年以漁陽縣大王鎮陞 金史

元至元三年并入漁陽縣十三年復置縣屬薊州今因之 清類天文分野之書

平谷縣在盤山西故稱盤陰四周皆山中則平地因以

平谷名 長安客話

平谷縣治舊無城永樂二年營州中屯衛自塞北徙入安置平谷縣城始建焉是時草創未甃以磚成化丁亥始以磚石包砌高二丈五尺兵部尚書淳安商輅作記嘉靖壬子重修河南按察副使邑人王鐙作記嘉靖癸亥寇退乃撤舊城而新之增崇五尺四門各建以樓東曰挹盤西曰拱辰南曰迎洵北曰威遠翰林院編修蒲坂張四維作記 縣志

商輅平谷新城記平谷縣在薊州治西北八十里西連密雲古北口東接山海道經遼東北臨極邊諸山永樂初置營州中屯衛蓋重鎮也縣故有土城歲久頹圮巡撫都御史閻本謀諸總兵焦壽參將劉輔疏

請于朝得允爰命衛指揮袁忠督軍夫增築之周圍六百丈城外爲塹沿塹植榆柳萬株經始于成化丁亥四月訖工于明年二月 商文毅公集

縣治在東街洪武初建儒學在縣治南建于金增修于元至正間有泃陽逸士納憐不花記 縣志

納憐不花明倫堂記元列聖相承百務俱興尤加意者詔令國都州縣設立學校平谷薊郡之屬邑京師之僻徑也巳巳年監察御史鄭立建加號碑設學田丙子歲主簿范恕教諭張貴協謀搆明倫堂洎學官居舍戊寅教諭胡從先鑄尊鼎篚籩豆九經史籍煥然一新上供釋奠下資諸生講習此數君子創作于前可謂能矣迨甲申劉元皓建學門屏增廣田畝立

故金國張侯建廟記以表首倡之功吁微元皓不能羽數君子之功微數君子不能伸元皓之志可謂克盡其行所當爲者予故書之匪特叙二三子之功抑以爲來今之勸時至正七年丁亥三月丁巳也

營州中屯衛在縣治東永樂二年移建于此 方輿紀要

泃河在縣東南自薊州流入界又南入三河 同上

泃河源出口外入縣境之黄崖口廣漢川自東迤邐遶縣城西南流經三河縣北至寶坻縣入白龍江 名勝志

洳河在縣東南五里源出密雲縣石峩山流經縣境又西南流入三河縣界 方輿紀要

逆流河在縣東南八里一名小碾河源出縣南泉水山

西北流凡九十九曲而入洵河 同上
龍泉在縣東南十里文皇嘗駐蹕于此飲其水甘因錫
以今名 名勝志
看花臺在城南五里逆流河之西相傳金章宗翫花於
此遺阜尚存又有望馬臺在縣東二十里發箭臺在縣
西北二十里皆章宗游獵處也 同上
臨泉寺在縣南八里遼建俗名高村寺 縣志
淨寧寺去縣八里在西鹿角庄金大定二十年建俗名
鹿角寺 縣志
周村河在縣西十里源出口外流入泇河 方輿紀要
淨嚴寺在大新砦去縣八里遼天慶十年建 縣志
滑鹽廢縣在縣西北漢置屬漁陽郡後漢縣廢北魏時
有斛鹽戍孝昌三年安州石離穴城斛鹽三戍兵反應
上谷賊杜洛周洛周自松硎赴之石離穴城二戍蓋在
斛鹽戍西 方輿紀要
大榆河又東南逕安州舊漁陽郡之滑鹽縣南王莽
更名匡德也漢明帝改曰鹽田世謂之斛鹽城西北去
禦夷鎮二百里 水經注
滑鹽地宜五穀有鹽池之利 括地志
石佛寺在縣北十里元至正二年建 縣志
瑞屏山在縣北二十里連峯秀列如屏上有石臺下有
興隆寺元大德元年建明弘治中重修俗呼蕭家院 同
上
慈福寺在縣東北十五里正統九年建邑人金純撰碑

同上

延祥觀在縣東北二十里北獨樂河莊初名元寶觀至元閒丘長春過此觀有枯栢捫之復榮有南塘老人張天度爲作詩玉谿老人趙鑄爲作記 盤陰雜志

趙鑄元寶觀栢記歲丁亥京東諸紳請長春眞人醮于田盤山之棲雲觀道平谷館于城東獨樂村元寶觀中有栢枯瘁已久師歎曰可惜起而摩之明年春其杪葉復生鬱茂如故見者奇之予一日托宿于州之通元觀道人李志平示余南塘老人贈長春子活死栢之詩所謂非異人不能成異事非異書不能表異蹟也志平欲永其傳迺書其事于石 縣志

張天度詩山村老翁鬢眉白根撥和雲移小栢殷勤擁護數十年直幹亭亭高百尺明堂大廈搆良村正恐工師來選擇奈何亂世生不辰斵有饑民斧斤厄半身寂寞被戕殘顏色枝條頓狼藉揭來枯槁已三年不忍風摧并日炙長春仙子偶經過兩手摩挲言可惜明年太歲在元枵秀葉參差如舊碧異事那免時俗疑至人得道良不測 長安客話

獨樂水出北抱犢固南逕平谷縣故城東 水經注

馬莊河源出縣東北海子與縣東北獨樂河及五百溝水俱合流入于泃河 方輿紀要

妙峯山在縣東北二十五里峯巒秀拔下有九沽泉 縣志

雞足山在縣東北三十里下有三泉寺金承安二年建

同上

碣山在縣東北四十里峯巒峭峻林谷深邃有雙泉寺金明昌中建 同上

城山在縣東北五十里四山高聳中平如城有石室止容一人栖卧 同上

龍泉寺在盤山西去縣三十里元至正四年建今稱塔谷寺 縣志

金花公主俗傳金章宗女也墓在縣東北三十里馬家莊兩山相抱自崖口鑿石穴施四銅環棺木懸空引海子水流入于內其深莫測至今捕魚者或見之 名勝志

夏謙澤在縣東北百餘里晉隆安初後燕慕容寶爲拓跋珪所廹自中山至薊盡徙府庫北趨龍城珪將石河頭時屯漁陽引兵追之及于夏謙澤爲慕容會所敗胡氏曰澤去薊北二百餘里今縣東北有海子或以爲即故澤也 方輿紀要

縣有水峪寺龍家務莊舊爲畊屯處 屯政考

平谷耕民得一釜水沃則沸飦炊則熟釜下有諸葛行窩字碎之其複層中有水火二字 獅山掌錄

文彭平谷道中詩奉檄趨平谷西風送馬蹄秋深哀柳變日落晚山低荒草平原合黃雲入望迷邊城烽火息野老自提攜 文博士集

日下舊聞卷三十二終

日下舊聞卷三十二補遺

京畿八

無終子翟國今薊之玉田漁陽即其地 國名紀

無終山一名步陰山又名翁同山 隋圖經

北平陽公雍水作漿以給過者兼補履屩不取其直天神化爲書生問云何不種菜曰無菜種即與數升公種之化爲白璧餘皆爲錢公得以娶婦 孝子傳

羅虬詩誰向深山識大仙勸人山下引春泉定知不及紅兒貌枉却工夫溉玉田 比紅兒詩

唐幽州漁陽縣無終戍城內有百許家龍朔二年夏四月戍城火災門樓及人家屋宇並爲煨燼惟二精舍及浮圖并佛龕上紙簾蘧蒢等但有佛像獨不延燎時人

見者莫不嗟異 冥報拾遺

金世宗大定二十年正月以玉田縣行宮地偏林爲御林大淀濼爲長春淀有長春宮其殿曰芳明二十四年正月如長春宮春水二十六年正月如長春宮春水二十七年正月如長春宮春水世宗既殂後主如春水改都南行宮爲建春又改遂城行宮爲光春而長春不書矣 碣石叢譚

張寧晚發豐潤縣詩蕭蕭車馬度重岡回首都城意渺茫斜日下時人望遠孤雲飛處客思鄉黃茅矮屋山居小白草浮塵石路長星月滿天行未歇俻鞍還復候行裝 奉使錄

崇禎戊辰二月薊鎮糧運不繼臺兵丁科周得勝等倡

亂各營推科爲難首分五營而陳由喜峯路至白羊谷與臺兵爲一營由太平路至漢兒莊與宣武營爲一營由洪山口至潘家口與駐防營及臺兵爲一營由羅文口合東遊營與神器營暨民壯爲一營馬蘭路先立一營屯遵化城西三月六日俱至五里橋合一大營黃崖旌一大帥環甲拱稽爲五花陣甲士數萬攻城予聞變一軍最後亦來科乃主中軍十行一小帥振鐸秉枹十單車詣其營呼亂兵諭之曰爾等爲饑所迫至此吾不忍遽加誅當給三月糧速歸汛地軍中歡聲如雷各羅拜共設誓歸伍適京運至給諸軍然尚未拔砦十五日獲科等九名聞于朝得旨正法 定譯兵畧

遵化縣有般若寺 元崇國寺碑陰

嘉靖元年正月遵化童子梅楨昧爽入塾道經城皇廟前忽狂風起楨以手掩面被風頊刻吹至三屯營蘆兒嶺久之乃蘇語人去家六十里矣家中驚懼有傳者至攜歸袖內詩經國風篇有補書硃字三行人不能辨楨後爲貢士 碣石叢譚

景山舊有二名南爲明北爲陰高八里許其陰爲鹿兒嶺東爲三屯鎮城嘉靖元年總兵馬永建祠其巔以奉諸葛武侯及少保岳文兩公爲三忠祠取高山景行之義更名景忠山其下震湖湖中有宛在亭戚都護元敬所修也北爲長壽祠元敬去鎮鎮人思之摶像于此祀焉 同上

石門驛在山坳壘石作小城民居二百餘家驛庭有古

槐四五樹 劉旋錄

馬鈇玉田道中苦雨詩九夏無晴日那堪秋更陰樹邊山雨黑天際塞雲深歸鳥孤村夕征人萬里心驅馳成底事衰晚二毛侵 百愚集

道書之重者莫過于三皇文五岳眞形圖至人秘此藏之石室幽隱之地帛仲理于山中得之自立壇委絹常畫一本而去也 抱朴子

宣和七年冬金人未渝盟也朝廷遣吏部員外郎傅公察迓賀正旦使入薊州玉田縣韓城鎮公至界上十二月二十七日凌晨斡离不擁兵遽至執公責令投拜副使蔣噩以下皆羅拜公獨不屈金人以兵脅之公曰有死而已膝不可屈也因被害 靖康小雅

本朝與遼人文移在兩界對境謂之關報金人、涉古 戎師於玉田縣築一州曰清州以對平州相與通使人之路清州有使臣賀允中副使武漢英適至而斡离不遣人邀使人觀打毬二人知其犯盟拒之恐托事生釁故勉從之及至界則以是日舉兵矣允中被鎖漢英頗黠斡离不愛之常在左右謂此南朝第一降人也漢英本王田縣巡檢差充副使 北征紀實

張四維平谷縣修城記平谷古漁陽地北臨大漠城郭溝池所以爲防禦計者視內地爲急然介在四山中烽警視諸邊差少是以守土者易焉備禦日疎縣舊有城池歲久夷陁攀堞往來不異莛道知縣事任居彬思與葺之値歲祲財詘未能也癸亥冬寇騎奄

至城下君率士民設方畧固守得免于危寇旣去君乃延縣之巨室閭長黨正喻以將有事城池爲扞禦永策衆驩然稱便於是諏日戒工城以丈計凡周六百五十撤而修之者過半舊崇二丈二尺增築五尺又於城四門各樹以樓扁其東曰挹盤西曰拱辰南曰迎洵北曰威遠城隅增鋪舍四又濬其隍丈餘沿塹悉植以柳當四門之衝置便橋焉經始于甲子閏二月竣于是歲六月凡五閱月而工成 條麓堂集

遵化縣工部分司在縣東六十里鐵廠中永樂間俱以各衛指揮領其事宣德末始委廣衛司官董之 明名臣經濟錄